OS EVANGELHOS

Dados Internacionais de Catalogação na Publicação (CIP)
(Câmara Brasileira do Livro, SP, Brasil)

Broccardo, Carlo
   Os Evangelhos : um guia para a leitura / Carlo Broccardo ;
tradução de Leonardo A.R.T. dos Santos. – Petrópolis, RJ :
Vozes, 2019.
   Título original : I vangeli : una guida alla lettura
   Bibliografia.
   ISBN 978-85-326-6229-3
   1. Bíblia. N.T. – Evangelhos I. Título.

19-28093   CDD-226.06

Índices para catálogo sistemático:
1. Evangelhos : Leitura   226.06

Cibele Maria Dias – Bibliotecária – CRB-8/9427

Carlo Broccardo

OS EVANGELHOS

Um guia para a leitura

Tradução de Leonardo A.R.T. dos Santos

EDITORA
VOZES

Petrópolis

© 2017 by Carocci editore, Roma

Título do original em italiano: *I Vangeli – Una guida alla lettura*

Direitos de publicação em língua portuguesa – Brasil:
2019, Editora Vozes Ltda.
Rua Frei Luís, 100
25689-900 Petrópolis, RJ
www.vozes.com.br
Brasil

CONSELHO EDITORIAL
Diretor
Gilberto Gonçalves Garcia

Editores
Aline dos Santos Carneiro
Edrian Josué Pasini
Marilac Loraine Oleniki
Welder Lancieri Marchini

Conselheiros
Francisco Morás
Ludovico Garmus
Teobaldo Heidemann
Volney J. Berkenbrock

Secretário executivo
João Batista Kreuch

Editoração: Maria da Conceição B. de Sousa
Diagramação: Sheilandre Desenv. Gráfico
Revisão gráfica: Nilton Braz da Rocha / Nivaldo S. Menezes
Capa: Ygor Moretti (Adaptação a partir da capa original)
Ilustração de capa: Folha de manuscrito com a crucificação – de um Missal.
The Metropolitan Museum of art.

ISBN 978-85-326-6229-3 (Brasil)
ISBN 978-88-430-8945-1 (Itália)

Editado conforme o novo acordo ortográfico.

Este livro foi composto e impresso pela Editora Vozes Ltda.

A Giuseppe Segalla e
Giovanni Leonardi,
com gratidão.

Sumário

Prefácio à segunda edição

Lembro-me que nos anos do colegial incomodava-me o hábito de algumas editoras que a cada ano faziam uma nova edição dos livros didáticos, em que, com frequência, mudavam somente os poucos detalhes suficientes para defasar a numeração das páginas em relação à edição anterior. Assim, nunca conseguíamos nos encontrar com os números indicados pelo professor, que julgava desnecessário usar a nova edição.

Também por essa razão, pensando nos estudantes que utilizam este livro como manual para um curso de introdução aos Evangelhos, resisti bastante à tentação de uma segunda edição. Depois de oito anos e nove impressões, em comum acordo com o editor, vimos que já era hora. Eu gostaria somente de especificar que se trata de uma edição atualizada mas não revista; no sentido de que eu não procurei repassar o texto palavra por palavra, buscando um sinônimo melhor, burilando essa expressão, modificando aquela outra (mais uma tentação...). Mas era mister atualizar algumas partes, dado que nos últimos anos surgiram diversas obras interessantes sobre os Evangelhos. Além disso, vale dizer, graças às indicações recebidas por leitores atentos e às recensões de alguns colegas, corrigi alguns erros e tornei mais precisas algumas passagens que evidentemente não eram claras.

Nesses anos, continuei a lecionar sobre os Evangelhos sinóticos, mas cedi com gosto a disciplina dos Escritos Joaninos ao Professor Andrea Albertin. Pedi a ele que atualizasse o capítulo sobre João; aceitou: a ele os méritos de qualquer melhoramento que se possa identificar.

Desde que saiu a primeira edição deste volume, faleceram os dois professores de Novo Testamento que apresentaram tanto a mim quanto a Albertin o estudo dos Evangelhos: o Professor Giuseppe Segalla (1932-2011) e o Professor Giovanni Leonardi (1927-2014). Com reconhecimento, eu gostaria de dedicar esta edição à memória de ambos.

O objetivo deste livro é acompanhar a leitura dos Evangelhos. Desejo que sirva aos estudantes dos cursos de teologia, obviamente como base à qual acrescentar a exegese dos textos; ao mesmo tempo espero também que os interessados em ler os Evangelhos fora do ambiente acadêmico possam encontrar estímulos úteis. Em ambos os casos, as páginas a seguir não substituem a leitura dos textos evangélicos; ao contrário, pretendem justamente incentivá-la. Por isso, serão tão somente acenados os assuntos que tradicionalmente ocupam uma introdução aos Evangelhos, como as questões históricas e as reflexões teológicas. O que faremos é principalmente seguir a fluência das narrativas com o intuito de compreender aonde cada evangelista nos quer levar com sua narrativa.

Abreviaturas

Os textos bíblicos citados não seguem necessariamente uma tradução oficial [embora no pano de fundo possa se identificar a presença da tradução revista e atualizada de João Ferreira de Almeida][1]. Em alguns casos proponho uma tradução pessoal baseada nos textos originais. A seguir, a lista das siglas dos livros citados, em ordem alfabética.

1Cor – Primeira Carta aos Coríntios

1Pd – Primeira Carta de Pedro

1Rs – Primeiro Livro dos Reis

2Sm – Segundo Livro de Samuel

2Tm – Segunda Carta a Timóteo

Am – Livro do Profeta Amós

At – Atos dos Apóstolos

Ex – Livro do Êxodo

Fm – Carta a Filêmon

Jo – Evangelho segundo João

Is – Livro do Profeta Isaías

Lc – Evangelho segundo Lucas

---

1. No original italiano, o autor se servia da tradução da CEI (Conferência Episcopal Italiana). Do ponto de vista bíblico, o cenário italiano é bastante diverso do brasileiro: lá são poucas as traduções à disposição do grande público. Edições consagradas no mundo, como a *Bíblia de Jerusalém*, trazem sempre o mesmo texto da CEI com as notas próprias de cada edição. Nesta tradução, não enfrentamos o mesmo problema. O uso da Almeida Revista e Atualizada – mais frequente nas citações que ocorrerem – não será excludente. Conforme o texto oferecido pelo autor no original italiano, utilizaremos outras traduções ou traduziremos as palavras do autor no intuito de manter suas ideias no texto em português, ainda que isso possa significar o distanciamento das traduções disponíveis no contexto brasileiro [N.T.].

Lv – Livro do Levítico
Mc – Evangelho segundo Marcos
Mt – Evangelho segundo Mateus
Sl – Livro dos Salmos

Introdução

Antes de iniciar a leitura dos Evangelhos, é oportuna uma pergunta de fundo: *Como* ler esses quatro textos? Cada leitor é certamente livre para fazer suas escolhas; mas queremos ter consciência do tipo de texto que temos diante de nós e do contexto cultural em que nos situamos atualmente, ao nos colocarmos na leitura. Nem todos os livros são iguais e, em épocas diferentes, o mesmo livro pode ser lido de várias maneiras. Por esse motivo, abordaremos inicialmente a questão do gênero literário, impostando a pergunta: O que é um Evangelho? Com o que estamos lidando? Em segundo lugar, daremos uma visão sumária da história da interpretação dos Evangelhos, a fim de conhecermos melhor os motivos de um certo modo de ler e esclarecermos o nosso método de leitura. Isso nos levará a abordar um terceiro problema: a chamada "questão sinótica"; pois ao ler Mateus, Marcos e Lucas é impossível não se dar conta de que são particularmente semelhantes entre si.

Várias outras questões podem auxiliar na leitura dos Evangelhos, como conhecer a situação social, política e religiosa daquele tempo, explorar a assim chamada literatura apócrifa e os outros escritos das origens cristãs, refletir sobre a historicidade dos escritos evangélicos em relação com a mensagem teológica... Nós nos limitaremos às três indicações citadas, remetendo o leitor interessado pelos outros temas à literatura indicada ao final do livro. Este trabalho, de fato, não pretende ser uma introdução geral aos Evangelhos, mas um guia para a sua leitura.

O que é um Evangelho?

Dada a complexidade do tema, a resposta a essa pergunta deve necessariamente ser articulada; seguiremos três passos: a palavra "evangelho", o gênero literário, a formação dos escritos evangélicos.

Iniciamos com uma consulta ao dicionário. A palavra "evangelho" deriva do grego e significa literalmente: "bom anúncio", "boa notícia". Atualmente, o vocábulo é usado com frequência para indicar um dos quatro escritos que narram acontecimentos da vida de Jesus, ou, ainda, algum dos apócrifos; no mundo antigo, contudo, "o termo *euangelion* nunca poderia ter evocado – nem entre os pagãos nem entre os judeus nem entre os cristãos – a imagem de um livro; evocava muito mais a imagem de um mensageiro que corria para transmitir uma notícia, como a vitória de Maratona; ou a imagem do caminho do profeta sobre os montes levando a Sião a mensagem da salvação (Is 52,7). A palavra, de fato, indicava *uma mensagem proclamada oralmente*" (FUSCO, 2002: 60).

O substantivo "evangelho", como lembra a citação de Fusco, já era conhecido no mundo greco-romano, onde era utilizado com o sentido genérico de "boa notícia". Fala-se de evangelho, por exemplo, quando um mensageiro traz a notícia de uma vitória militar; ou quando é proclamado um édito imperial, por ocasião da fundação de uma cidade, pelo nascimento de um personagem importante. Para evitar qualquer sacralização do termo, Penna (2014: 11) cita uma passagem de *Os cavaleiros* de Aristófanes em que um salsicheiro leva ao senado o "evangelho" de que o preço das anchovas diminuiu. No mundo antigo, qualquer boa notícia é evangelho. Do nosso ponto de vista, porém, é significativa uma inscrição descoberta em 1899 em Priene, cidade da Ásia Menor, que remonta ao ano 9 a.C. e celebra o nascimento de Augusto (o texto a seguir se baseia na tradução italiana de PENNA, 2014: 13-14):

> Já que a providência que divinamente dispôs a nossa vida regalou-nos, a nós e aos nossos descendentes, um salvador que pusesse fim à guerra e apressasse a paz. Cesar, uma vez surgido, superou as esperanças dos antecessores e bons anúncios [literalmente: os evangelhos] de todos, não somente superando os benefícios de quem o precedeu, mas sem deixar a quem o sucederia a esperança de superá-lo, e o dia natalício do deus marcou para o mundo o início dos bons anúncios [literalmente: dos evangelhos] a ele relacionados.

Também na Bíblia grega, o substantivo é utilizado nesse sentido genérico de "boa notícia" (2Sm 4,10: note-se que aí aparece no plural) e o verbo no sentido de "dar uma boa notícia" (cf., p. ex., 2Sm 18,19-20). Nesse contexto, destacam-se quatro textos de Isaías em que o conteúdo do anúncio é especificado em sentido teológico: Deus logo libertará os exilados e os fará retornar a casa, esse é o alegre anúncio que o profeta proclama aos filhos de Israel (Is 40,9; 52,7; 60,6; 61,1; cf. tb. Sl 96,1-2). Sobre essa raiz são enxertados os escritos das origens cristãs que utilizam o termo "evangelho" (sempre no singular) exclusivamente em sentido teológico, mas especificando seu significado: a boa notícia é sempre ligada a Jesus de Nazaré.

Inicialmente, o próprio Jesus usa essa palavra; leiamos, por exemplo, Mc 1,14-15: "Depois de João ter sido preso, foi Jesus para a Galileia, pregando o Evangelho de Deus, dizendo: 'O tempo está cumprido, e o Reino de Deus está próximo; arrependei-vos e crede no Evangelho'". O bom anúncio aqui é que o Reino de Deus está próximo, que Deus decidiu intervir em favor de seus filhos (na pessoa de Jesus: o reino se revela em suas palavras e ações). No início, portanto, Jesus é *sujeito* de um anúncio definido como "Evangelho"; depois de sua morte e ressurreição, a perspectiva muda e Ele se torna *objeto* do bom anúncio transmitido pelos seus discípulos: "E todos os dias, no templo e de casa em casa, não cessavam de ensinar e de transmitir a boa notícia [literalmente: evangelizar] que Jesus é o Cristo" (At 5,42); é com essa mesma acepção que Paulo usa o termo "Evangelho" em suas cartas: a boa notícia é que todos somos salvos em Jesus.

Não sabemos quando nem quem iniciou a utilizar a palavra "evangelho" para indicar as quatro obras que traziam por escrito o anúncio feito oralmente pelos discípulos. Os dados de que dispomos são poucos. Os primeiros testemunhos situar-se-iam provavelmente entre o final do século I e a metade do século II (neste caso, é imperioso usar o condicional por conta da incerta datação dos escritos dos primeiros autores cristãos). Na *Didaqué*, um escrito do final do século I, lê-se o convite: "Orai assim como ordenou o Senhor em seu Evangelho" (e segue-se o texto do Pai--nosso; cf. ainda PENNA, 2014: 98); não está claro porém se o termo "evangelho" indicava o escrito (neste caso, tratar-se-ia de Mateus; Watson (2016: 13) não tem dúvida disso) ou a transmissão oral dos ensinamentos de Jesus. O mesmo tipo de raciocínio pode ser feito em relação a alguns acenos das cartas de Inácio de Antioquia. O primeiro testemunho seguro é o de Justino que, em sua primeira apologia (c. 153 d.C.) afirma quase que entre parênteses: "Os apóstolos, de fato, nas memórias que deixaram chamadas Evangelhos, assim transmitem..." (66,3; cf. BURINI, 1986: 147). Ademais, com frequência sempre crescente, tanto nos manuscritos mais antigos quanto nas citações dos Pais da Igreja, ocorre o dizer "Evangelho" ou "Evangelho segundo..." indicando claramente os escritos evangélicos. "Verificou-se, aliás, um fato em certo sentido imprevisível: esse título foi *reservado unicamente* a esses escritos: embora outros escritos também ressoassem continuamente o evangelho, [esses autores] se contentaram em utilizar expressões preexistentes emprestadas da literatura helenística ou judaica: 'cartas', 'atos', 'apocalipse'" (FUSCO, 2002: 61). Depois de todas as hipóteses históricas, resta significativo – de um ponto de vista teológico – a utilização do termo "evangelho" para indicar esses quatro escritos; de fato, esse termo nos diz como, desde o início, tais escritos foram percebidos: uma boa notícia, uma mensagem de graça. Contra o risco sempre à espreita de ler as narrativas de Mateus, Marcos, Lucas e João somente como fundamento de uma ética exigente, emerge o constante convite a não nos esquecermos de que se trata preponderantemente de "uma 'boa notícia', um anúncio a nosso favor, que, enquanto tal, não pode deixar de causar alegria" (PENNA, 2014: 83).

Passamos agora ao segundo passo da nossa reflexão, o que se refere ao gênero literário: O que é, pois, um evangelho? O que caracteriza esses quatro escritos tornando-os únicos a ponto de somente a eles ser atribuído esse nome? Do ponto de vista da literatura em geral, são caracterizados pela dimensão crente; basta ler a conclusão do Evangelho segundo João para perceber isso com clareza: "Na verdade, fez Jesus diante dos discípulos muitos outros sinais que não estão escritos neste livro. Estes, porém, foram registrados para que creiais que Jesus é o Cristo, o Filho de Deus, e para que, crendo, tenhais vida em seu nome" (Jo 20,30-31). Os Evangelhos são, portanto, escritos de fé e têm como objetivo levar as pessoas a crerem. No que se refere ao Antigo Testamento, que compartilha a mesma dimensão crente, há uma nova consciência: de que Jesus não é somente parte da história da salvação, mas é seu cumprimento; não é somente um dos grandes de Israel, mas o Messias há muito esperado, o Deus-conosco (sobre isso, é esclarecedor ler os primeiros capítulos de Mateus). Enfim, se comparamos os Evangelhos com os outros escritos do Novo Testamento, que também compartilham dos mesmos traços já elencados, percebemos que os Evangelhos se distinguem pela dimensão narrativo-biográfica; os Evangelhos, como amplamente demonstrado nos últimos anos pelo trabalho de Burridge (2008), se parecem muito com o gênero biográfico, bastante difundido no século I d.C. É claro que não convém compará-los às biografias modernas, tendencialmente exaustivas; mas sim às antigas que "fogem à acumulação indiscriminada de episódios, preferindo evocar somente aqueles que se acredita serem mais representativos" (ALETTI, 2017: 14).

Assim, para dar forma escrita ao bom anúncio de Jesus, os evangelistas não inventaram algo de absolutamente novo: eles se apoiaram na experiência narrativa de Israel e nos métodos expressivos difundidos à época. Mas, ao mesmo tempo, criaram algo de original, e é isso que os torna únicos: narraram a vida de Jesus com o objetivo claro de fazer com que se creia nele, conscientes de que Ele é o Messias e Filho de Deus e sua presença ultrapassa os limites do tempo. Poderíamos definir sinteticamente os Evangelhos como "biografias de fé". Embora reconhecendo seu valor literário, não se pode ignorar a dimensão crente desses escritos; não por escolha ideológica, mas por respeito à sua própria natureza.

O terceiro e último passo se refere à formação dos Evangelhos. Trata-se de um campo minado sobre o qual as opiniões dos estudiosos são muito divergentes; mas é útil uma olhada, ainda que rápida, porque – e este é nosso interesse principal – nos ajuda a entender o que é um evangelho. Se olharmos para as cartas de Paulo (os primeiros escritos do Novo Testamento) e os discursos reportados nos Atos dos Apóstolos (que narram as origens cristãs), perceberemos que o interesse principal se concentra quase que exclusivamente na morte e ressurreição de

Jesus. Nada ou quase nada sobre a sua vida. Num segundo momento, a atenção dos crentes deve se concentrar também nas palavras e ações de Jesus, mas é difícil dizer com qual percurso ou com quais prioridades. Uma intuição interessante pode vir do prólogo de Lucas (Lc 1,1-4); mas os dados à nossa disposição são realmente muito escassos para elaborar uma teoria segura. A hipótese tradicional e mais difundida é que Marcos teria escrito o seu Evangelho antes de 70 d.C.; assim, Mateus e Lucas nos anos 80; João, por volta do final do século I; depois viriam os apócrifos. Hoje, um filão consistente da pesquisa tende a colocar essa hipótese em discussão; há desde aqueles que dão prioridade a Marcião situando, consequentemente, os Evangelhos na segunda metade do século II, até aqueles que não se desequilibram mas falam de uma "contaminação" textual prolongada (supondo um período em que as várias edições dos Evangelhos mudavam com certa liberdade o texto, com base nos escritos das origens cristãs). No *mare magnum* [grande mar] gerado por essa questão deve-se ao menos considerar com muita probabilidade que, antes dos escritos, houve uma fase de tradição oral; e ainda que não devemos separar de maneira muito clara os escritos canônicos dos apócrifos, que – mesmo com a consciência de que são muito diferentes entre si – eram, ao menos parcialmente, lidos nas comunidades de fé, pelo menos nos primeiros dois séculos (cf. o exemplo citado por WATSON, 2016: 4-5). Como conclusão deste parágrafo, talvez denso demais, são necessárias duas reflexões. Primeiramente, a reflexão de que os Evangelhos são "um ato de honestidade intelectual, no sentido de que se percebeu a necessidade de não reduzir Jesus a somente uma dimensão mas de afirmar uma pluralidade de abordagens sobre Ele enquanto a sua verdadeira identidade é perceptível somente em uma pluralidade de hermenêuticas" (PENNA, 2014: 112). Em segundo lugar, os Evangelhos são uma obra complexa, fruto de uma história (a de Jesus), respondente a uma história (a das comunidades às quais era anunciado). Ao lê-los não se pode ser ingênuo demais; não se pode desconsiderar a dimensão diacrônica (*i. e.* relacionada à formação dos textos) mesmo que ela não seja a única e não seja a mais enfocada em nosso trabalho.

História da interpretação

Em quase dois mil anos de vida, os Evangelhos sempre foram lidos e comentados na Igreja, mas o tipo de estudo que deles se faz hoje em dia é filho do Iluminismo. Não que faltassem aprofundamentos críticos no passado – basta lembrar os trabalhos de Orígenes ou de Agostinho –, mas a necessidade de submeter sistematicamente os Evangelhos a uma leitura científica, que respeite regras e métodos da crítica literária e histórica é uma conquista moderna.

Os inícios da impostação crítica devem ser buscados ao final do século XVIII. O ano é 1778, quando é publicada a obra póstuma de Hermann Samuel Reimarus, que fortemente coloca em discussão a imagem "eclesial" de Jesus: a partir de uma sua leitura dos Evangelhos, chega ao ponto de dizer que Jesus seria um dos tantos messias políticos malsucedidos. Na mesma linha, a Escola de Tübingen, representada por Ferdinand Christian Baur (Jesus como precursor da liberdade moderna) e por seu discípulo David Friedrich Strauss (Jesus, somente um símbolo). Como avaliar essas novas leituras dos Evangelhos? Compartilhamos a posição de Aguirre Monasterio (1995: 55): "Todos os autores citados até aqui propõem avaliações ideológicas dos Evangelhos em vista de interpretações globais do cristianismo". É o preço que pagam ao seu contexto cultural e também ao fato de serem os primeiros a tentarem uma leitura crítica dos textos evangélicos; de fato seus trabalhos são mais filosófico-teológicos do que exegéticos; mas esses homens abriram um caminho. Por volta da metade do século XIX, de fato, outros tentaram responder à mesma pergunta (Quem realmente é Jesus?), sempre lendo criticamente os Evangelhos, mas com um procedimento cientificamente mais acurado. É o caso, por exemplo, de Christian Hermann Weisse e Christian Gottlieb Wilke que, em 1838 – independentemente um do outro – elaboraram a teoria das duas fontes (que aprofundaremos nas páginas 24s.). Esses autores acreditam que para chegar a Jesus, além dos Evangelhos, é necessário se perguntar como esses escritos nasceram. Eles dão um passo atrás e estudam as fontes literárias que os evangelistas teriam tido à disposição enquanto redigiam seus textos. Se os compararmos com seus predecessores, 19 esses dois dão um passo significativo rumo a uma leitura cientificamente correta dos Evangelhos.

Simplificando bastante o percurso histórico, passamos agora a uma segunda etapa fundamental: a assim chamada "história das formas" [do alemão: *Formgeschichte*]. Trata-se de uma escola de pensamento nascida entre 1919 e 1921, anos em que foram publicadas as obras de três autores mais representativos: Martin Dibelius, Rudolf Bultmann e Karl Ludwig Schmidt. Ao ler os Evangelhos, esses autores têm um claro pressuposto: os evangelistas seriam puros compiladores, operários a emoldurar um quadro já concluído, os verdadeiros autores dos Evangelhos são as primeiras comunidades cristãs que – como os grupos folclóricos populares muito estudados no início do século XX – transmitem ditos e feitos de Jesus, seja oralmente seja por escrito. Os evangelistas somente recolheram e compilaram esse material. O objetivo desses autores é reconhecer e classificar cada uma das passagens dos Evangelhos com base na própria "forma" ou gênero literário; feito isso, o segundo passo consiste em reconstruir a situação ou contexto vital [em alemão: *Sitz im Leben*] em que tal forma nasceu e se desenvolveu. Por isso, esse método foi chamado "história das formas": buscava-se as formas literárias e tentava-se reconstruir sua história. Como avaliar essa etapa da exegese? Sem dúvida, ela tem um aspecto positivo: é recuperada uma dimensão essencial dos Evangelhos, *i. e.*, que nasceram na Igreja. Há porém dois limites enormes em dois âmbitos opostos: de um lado um ceticismo total diante da história, que leva alguns autores a não considerarem quase nada como histórico (tudo seria uma pura invenção da comunidade); de outro, uma desconfiança nos evangelistas, que não teriam feito outra coisa senão um trabalho mais simples.

Uma terceira etapa significativa é marcada pelos trabalhos de Hans Conzelmann, Willi Marxsen e Wolfgang Trilling, publicados entre 1954 e 1958. Reagindo à *Formgeschichte*, esses autores buscam valorizar a obra do evangelista (chamado de redator: daí o nome "história da redação", *Redaktionsgeschichte*). O pressuposto desses autores é que o evangelista não é um simples compilador de dados transmitidos pela tradição eclesial, mas um exegeta que reelabora e interpreta. O objetivo desse método é pesquisar o *proprium* de cada Evangelho, estudando o seu modo de elaborar as fontes e as formas literárias preexistentes (ainda estamos numa perspectiva diacrônica, *i. e.*, de atenção à história da formação do texto). Não podemos deixar de avaliar positivamente o fato de que, com esses autores, se tenha começado a dar peso ao conjunto das narrativas evangélicas, não mais consideradas como um acúmulo de passagens, mas como obras literárias propriamente ditas. Note-se porém ainda um risco: o de considerar importantes para a compreensão de um escrito somente os elementos "novos", que o evangelista acrescentou ou modificou em relação às suas fontes; como se os dados que pegou da tradição sem muitas modificações não fossem, também eles, parte do texto final.

Exatamente como reação a esse risco, a partir da década de 1970 ganharam espaço outros métodos de leitura dos Evangelhos, mais atentos à dimensão sincrônica dos escritos: tomando como pressuposto que cada Evangelho tivesse uma história de formação (primeiro narrativas orais dos fatos, depois coletâneas escritas, a seguir as fontes literárias e finalmente os Evangelhos propriamente ditos), o estudioso se detém a estudar somente a versão final, a narrativa tal como aparece na versão definitiva. Segundo uma característica da cultura contemporânea, atualmente não é possível encontrar somente uma escola de pensamento, mas uma multiplicidade de abordagens ao texto; para um exame bastante completo, pode-se ler o documento da Pontifícia Comissão Bíblica, *A interpretação da Bíblia na Igreja*[2] (1993, cap. 1), ou mesmo o mais recente estudo de Parmentier (2007).

No fim das contas, a exegese científica nasceu em um contexto polêmico, da vontade de sacudir as aquisições da tradição eclesial para buscar o "verdadeiro" rosto de Jesus de Nazaré. Em tal contexto, a reação da Igreja Católica foi até forte demais: no início foi de total fechamento e somente nas últimas décadas retirou algumas de suas ressalvas. Já as Igrejas da Reforma, especialmente

---

2. O autor indica, nas referências, o documento em italiano. O leitor brasileiro pode encontrar o texto na íntegra no site do Vaticano [http://www.vatican.va/roman _curia/congregations/cfaith/pcb_documents/rc_con_cfaith_doc_19930415_ interpretazione_po.html] [N.T.].

em âmbito alemão, foram muito mais receptivas. Infelizmente, a verve polêmica e a diversa sensibilidade dos últimos séculos do segundo milênio conduziram a uma progressiva separação entre crítica literária (e teológica) e crítica histórica; um pouco como em todas as ciências, os saberes foram se fragmentando e os itinerários se distanciando uns dos outros, por isso é comum que especialistas em pesquisa histórica sobre os Evangelhos não revele o mesmo domínio no âmbito da crítica literária e vice-versa. No fim das contas, contudo, para além dos controversos resultados, refinou-se gradativamente uma sensibilidade: também os Evangelhos, como os outros escritos antigos, podem – aliás devem – ser lidos cientificamente. Não há sentido negar a dimensão de fé desses escritos – que, como se viu, lhes é inerente; mas seria igualmente absurdo negar a liceidade de um estudo científico, que não se coloca contra a fé transmitida pelos Evangelhos, mas permite conhecer mais seriamente o objeto por meio do qual se convida a tal fé, *i. e.*, as próprias narrativas.

Um último esclarecimento sobre esse ponto se refere ao método que adotaremos neste livro. O objetivo deste trabalho é uma leitura atenta dos Evangelhos, não exatamente para os iniciantes mas tampouco para os eruditos; termos, portanto, consciência de que os escritos que lemos tiveram uma história (aspecto diacrônico), mas nos deteremos sobretudo a lê-los da maneira que hoje se apresentam (aspecto sincrônico). De maneira especial, utilizaremos a assim chamada "análise narrativa", *i. e.*, uma leitura atenta às dinâmicas da narração (porque, em última análise, os Evangelhos são narrativas); sem desdenhar os frutos de outras metodologias sincrônicas, especialmente a chamada "análise estrutural" (para uma explicação, cf. SEGALLA, 1992: 26-29).

A questão sinótica

Uma última questão a ser considerada, antes de iniciar a leitura, é a peculiar relação que liga entre si os Evangelhos segundo Mateus, Marcos e Lucas. Se comparados com João, são muito mais parecidos entre si: possuem muito material em comum, conservam a mesma ordem em contar os eventos principais, às vezes são quase idênticos na formulação das frases e até mesmo de passagens inteiras; por isso são chamados "sinóticos", porque podem ser lidos juntos em três colunas paralelas (do grego, "*sýnópseis*", "visão"; *i. e.*, "visão de conjunto"). Isso não significa que sejam iguais: alguns episódios estão presentes nos três, outros somente em dois, outros ainda somente em um dos três; em alguns casos, ainda, a sucessão dos eventos não obedece a mesma sequência (comparado a Marcos, Lucas antecipa o episódio de Nazaré); para não falar da formulação que nem sempre coincide (Mateus tem a Parábola dos Talentos, Lucas tem a Parábola das Minas). Geralmente, esses três Evangelhos não são tão parecidos a ponto de constituírem apenas variantes textuais da mesma narrativa, mas também não são tão diferentes a ponto de serem completamente independentes um do outro. Como explicar tantas e tais convergências e, ao mesmo tempo, tantas e tais divergências?

Inicialmente, aprofundamos os dados do problema, deixando-nos acompanhar pelo sintético estudo de Fusco (2002: 91-102). No que se refere ao material: às vezes há convergências entre os três (nesse caso, fala-se de tripla tradição), às vezes entre duas (dupla tradição), às vezes não há convergência. Mais precisamente, a tripla tradição compreende aproximadamente cem perícopes, preponderantemente narrações de fatos; a dupla tradição compreende cerca de quarenta perícopes, prevalentemente ditos de Jesus, quase exclusivamente presentes em Mateus e Lucas (são pouquíssimos os casos de convergência Mc-Mt ou Mc-Lc). Enfim, se observarmos o patrimônio específico de cada Evangelho, Marcos tem apenas três passagens que são somente suas; Mateus, cerca de trinta; Lucas, em torno de cinquenta. Em relação à ordem sequencial: a tripla tradição prossegue segundo uma disposição idêntica em grande medida (até quinze episódios na sequência); a dupla tradição idem. Enfim, sobre a formulação, notamos que Mateus e Lucas usam uma linguagem sistematicamente mais correta do que Marcos (embora, frequentemente corrijam Marcos de forma diferente: cf., p. ex., Mc 1,32 na versão de Mt 8,16 e Lc 4,40); na dupla tradição, por sua vez, ora Mateus, ora Lucas é mais preciso.

Claro que, tudo isso é um pouco de simplificação. Para açambarcar juntas todas essas variáveis e todos esses elementos e explicar contemporaneamente todas essas variáveis foram elaboradas várias propostas. No fim das contas, a explicação mais bem considerada hoje é a chamada "teoria das duas fontes". Em sua formulação mais simples, essa teoria remonta o trabalho pioneiro de Weisse e Wilke (de 1838), com algumas mudanças significativas. Restringindo-nos ao essencial, podemos dizer que o modo mais simples para explicar a tripla tradição é que Marcos tenha servido como fonte literária para Mateus e Lucas: ambos – usando aqui de muita simplicidade – ao escreverem seus Evangelhos tinham diante de si o texto de Marcos, que tomaram como guia (com algumas correções) e depois integraram com outro material. O material próprio de Mateus e Lucas, de fato, é mais bem explicado como acréscimo por parte deles do que como omissão de algum trecho de Marcos. Podemos ainda acrescentar, em defesa dessa tese, que a ordem de Marcos é substancialmente preservada em Mateus e Lucas e que a formulação de Marcos é geralmente a menos correta. Assim, Mateus e Lucas usaram Marcos como uma fonte para as narrativas de cada um; mas isso não é suficiente: a dupla tradição se explica somente pressupondo uma outra fonte comum aos dois. Lucas não pode depender de Mateus nem Mateus de Lucas, *i. e.,* os dois são mutuamente independentes; chega-se a essa afirmação pressupondo que seja pouco provável que Lucas tenha propositalmente omitido todo o material de Mateus que não consta de seu Evangelho (e vice-versa) e, ainda, considerando que Mateus e Lucas corrigem Marcos cada um a seu modo. Não pode se tratar de uma fonte oral, porque são muitíssimas e proximíssimas semelhanças. Mesmo que não nos tenha chegado (por enquanto) essa fonte, a explicação mais simples da questão sinótica é a de postular a existência de uma outra fonte *Quelle* (do alemão, "fonte", daí a abreviação fonte Q).

Essa seria substancialmente a proposta originária: Mateus e Lucas se serviram de duas fontes, uma é Marcos e a outra é a fonte Q. Algo, contudo, ainda deve ser acrescentado: tanto Mateus quanto Lucas tiveram ainda outras fontes não identificadas, desconhecidas dos outros, das quais extraíram aquele material presente somente em um dos dois (p. ex., o episódio dos magos em Mateus ou a Parábola do Filho Pródigo [ou Pai Misericordioso] em Lucas); convencionalmente, o material próprio de Lucas é designado com a letra L e o material próprio de Mateus, com a letra M.

Essa teoria, mesmo com as devidas correções, não explica todos os dados do problema sinótico: suponha-se por exemplo a utilização de tradições orais que influenciam na redação final dos Evangelhos; e, especialmente, postula a existência de uma fonte escrita da qual não temos vestígio algum (a não ser algumas passagens comuns de Mateus e Lucas). Mas essa teoria persiste ainda hoje como aquela que melhor explica a questão; outras hipóteses que consideram a existência de uma única fonte não conseguem explicar um número de dados tão elevado, enquanto aquelas que postulam mais de duas fontes correm o risco de construir uma estrutura tão complexa a ponto de se tornar irrealizável. Nos últimos anos, diga-se como nota, houve uma enorme produção sobre a questão sinótica; tanto por quem defende a ferro e fogo a fonte Q (como KLOPPENBOURG, 2000) quanto por quem quer destruir por completo a teoria das duas fontes (como GOODACRE, 2002 e WATSON, 2013). Já que temos de nos apoiar em um modelo interpretativo, escolhemos o modelo das duas fontes; embora cientes – como o confirma Kloppenbourg, após uma vida dedicada a essa questão – que "os dados em que baseamos as nossas conjecturas e hipóteses são, depois de tudo, bastante pobres e muito incompletos" (KLOPPENBOURG, 2014: 1).

Comecemos, portanto, a leitura dos Evangelhos. O primeiro que abordaremos é Marcos, porque é o mais antigo e serviu como ponto de referência para Mateus e Lucas. Não se sabe por que acabou inserido na segunda colocação no cânon bíblico; qual seria o efeito desse seu rebaixamento é informação que buscaremos compreender no último capítulo deste trabalho. Por enquanto, comecemos a leitura.

1

Evangelho segundo Marcos

Por muitos séculos, o Evangelho segundo Marcos foi quase que completamente esquecido: em parte por causa de seu conteúdo, já quase completamente presente em Mateus e Lucas; em parte por conta de seu estilo – aparentemente simples demais (mas as aparências enganam) – ou porque – como veremos – era inquietante demais para os leitores antigos. É no século XIX que Marcos volta à tona: inicialmente impondo-se como o mais antigo dos quatro Evangelhos, hoje criando fascínio pela sua narração "intrigante" e pela sua teologia nem um pouco óbvia.

Pelos motivos vistos na introdução, como primeira coisa folhearemos a narrativa evangélica buscando identificar os seus principais nós. Isso tomará grande parte de nosso tempo, mas nos possibilitará ter uma ideia do conjunto e intuir o objetivo desse escrito. Concluiremos explorando o mundo no qual Marcos se move: autoria, localização e data de composição.

Os inícios: tudo em uma frase (1,1-13)

"Início do Evangelho de Jesus, Cristo, Filho de Deus" (1,1). Essas são as primeiras palavras da narrativa de Marcos: uma frase sem verbo, lapidar, densíssima. Prosseguindo com a leitura, perceberemos que, em certo sentido, esse primeiro versículo já antecipa todo o conteúdo do Evangelho, e ainda é, ao mesmo tempo, mais invocativo do que descritivo, ou ao menos tão sintético que não nos permite compreender nada de preciso. Em outras palavras, tem todas as características para ser um título.

Olhemos por um momento para o conteúdo dessa primeira frase, ampliando o horizonte até o versículo 13. Os três episódios que se seguem (a pregação de João Batista, o batismo no Jordão e as tentações no deserto), de fato, não fazem outra coisa senão expandir narrativamente o conteúdo do versículo 1; a partir do versículo 14, por outro lado, começará uma nova fase da narrativa, na qual aqueles que encontram Jesus não demonstram ter consciência do que ocorreu nos 13 primeiros versículos. O início do Evangelho segundo Marcos nos projeta na história de Israel, caracterizada pela espera de uma intervenção de Deus em favor de seu povo. Diz o evangelista: Finalmente! Deus decidiu intervir. Iniciou um projeto de salvação cujo protagonista é Jesus, aquele que concretiza as mais belas esperanças, realizando as muitas promessas de Deus. Ele é o Cristo, isto é, o Messias, o salvador há tanto esperado; Ele está numa relação única com o Senhor Deus: é seu filho. Por isso, a narrativa de Marcos é um evangelho: é uma boa notícia, "a" boa notícia de que Deus se lembrou de suas promessas e enviou um salvador.

Mas atenção, porque o Messias Filho de Deus não é um anjo ou qualquer criatura celeste: Ele é um homem. Eis a primeira aparição em público: "Naqueles dias, veio Jesus de Nazaré da Galileia e por João foi batizado no Rio Jordão" (1,9); de origem pobre, não realiza gestos especiais, mas faz o mesmo que todos (de fato, todos se faziam batizar, segundo 1,5). "Ele vos batizará", dissera João; contudo Jesus o contraria não batizando ninguém e fazendo-se batizar como todos. Para nós leitores, há a voz externa de Deus a nos assegurar: não nos enganamos; embora se pareça com os outros, trata-se do Filho de Deus (1,11). Mas e para aqueles que o encontram?

Marcos diz que esse é o "início" do Evangelho. A palavra grega *arché* poderia ser traduzida como "princípio", indicando nas primeiras linhas da narrativa não somente o início cronológico dos fatos, mas também a base sobre a qual depois será construído o restante da narrativa. Focant (2015: 68) cita, a propósito, uma reflexão da *Retórica* de Aristóteles sobre o episódio dos poemas épicos: tendo em mente que o leitor não se perca na trama, "se o princípio é colocado em suas mãos, por assim dizer, lhe é oferecido um fio que lhe permite seguir o discurso". Eis a função de Mc 1,1-13 no conjunto da narrativa de Marcos: não somente oferecer o caminho, mas também o princípio, o fio que permita seguir o desenvolvimento – nem sempre fácil de compreender – da narração.

Assim, em poucas linhas, Marcos introduz o seu Evangelho não somente dizendo quem é Jesus, mas também alertando o leitor: as pessoas, quando o encontrarem, verão um homem; e como já no Jordão, onde ninguém se deu conta dele, assim será pelo resto de sua vida... Até o último momento não será óbvio reconhecer em Jesus o Messias Filho de Deus. Não devemos nos esquecer que todas as informações dos treze primeiros versículos do Evangelho são reservadas, os únicos a percebê-las somos nós leitores: as pessoas que encontrarão Jesus, como foi acenado acima, não demonstrarão conhecimento disso. Elas veem um homem que se comporta de certa maneira e se perguntam: Mas quem é este? Observando o que Ele faz e escutando o que Ele diz, progressivamente entenderão: lá pela metade do Evangelho, Pedro lhe dirá: "Tu és o Cristo" (8,39), mas somente no final o centurião completará o quadro afirmando: "Verdadeiramente este homem era Filho de Deus" (15,39). Sabemos desde o início que Jesus é o Cristo, o Filho de Deus; as pessoas que o encontram precisarão de todo o tempo do Evangelho para entendê-lo.

Também para nós leitores, contudo, os inícios do Evangelho não revelam todos os mistérios sobre a pessoa de Jesus. No século I d.C. havia, de fato, vários modos de compreender o Messias/Cristo e a expressão "Filho de Deus" ainda era genérica, certamente ainda não estava carregada pela reflexão teológica dos séculos seguintes. Portanto, em que sentido Jesus é o Messias? O que significa precisamente afirmar que Ele é Filho de Deus? Eis o estilo de Marcos que encontramos desde o início do seu escrito: parece dizer em poucas palavras as coisas mais óbvias (e por isso foi marginalizado por muito tempo), mas, na realidade, mais do que esclarecer, ele coloca perguntas. A quem lê, resta a escolha: ou ignorá-las; ou continuar a leitura em busca de uma resposta. Mas estejamos avisados desde já que a busca não será nada fácil, porque nas páginas que formam o Evangelho "tudo ocorre como se – depois de dizer tudo o que deveria dizer sobre a identidade de Jesus com o título *Filho de Deus* – o narrador se esforçasse em dificultar o acesso a essa identidade, em *narrativizar* essa dificuldade, em colocar em forma de narrativa a não imediatidade dessa confissão de fé" (MAR-GUERAT, 2008: 19).

Cafarnaum: uma salvação explosiva

Tão logo começamos a ler Marcos, percebemos como ele é episódico: fala de quando Jesus chamou os primeiros discípulos, junto ao lago da Galileia; de como depois foi para a sinagoga de Cafarnaum e depois para a casa de Pedro; da escolha de deixar Cafarnaum para ir a outros vilarejos limítrofes e assim por diante. A narrativa de Marcos se apresenta assim como uma coletânea de episódios bastante breves (apenas no cap. 5 encontraremos duas histórias mais longas, e depois teremos o relato da Paixão) e facilmente delimitáveis. Perguntamo-nos então: Seria somente uma confusão de passagens (há tempo foi invalidado o hábito de chamá-las de "perícopes", retalhos de texto) ou seria algo ordenado, com uma série de vínculos, uma estrutura? Sem exagerar na tendência de ver ligações por toda parte, perguntamo-nos quais seriam os sinais textuais que nos ofereceriam pontos de referência, como marca-páginas que nos orientariam na leitura do Evangelho e, ao mesmo tempo, nos permitiriam perceber melhor a sua dinâmica. "A questão não é, portanto, se o Evangelho de Marcos apresenta lacunas, mas sim se o autor conseguiu dar vida à experiência coerente de maneira unitária. A narrativa funciona? E como?" (RHOADS; DEWEY & MICHIE, 2011: 21).

A primeira parte do Evangelho (1,14–8,26) narra a atividade de Jesus na Galileia: começando pela cidade de Cafarnaum, o círculo se amplia até compreender também outras localidades em torno ao Lago de Genesaré (que Marcos chama inadequadamente de "o mar") e as zonas limítrofes. Observando mais detalhadamente, podemos notar como os acontecimentos foram deslocados de maneira a formar três seções: a primeira de 1,14 a 3,6; a segunda de 3,7 a 6,6a; a terceira de 6,6b a 8,26. Não obstante qualquer divergência, especialmente acerca da conclusão (há quem a coloque em 8,30 ou mesmo em 8,33), é possível afirmar que sobre essa articulação interna há um acordo muito forte entre os estudiosos. O consenso se fundamenta em alguns elementos de caráter estilístico bastante evidentes (SEGALLA, 1992: 126):

• Cada uma das três seções começa com um sumário e um episódio sobre os discípulos: 1,14-20, o chamado dos primeiros quatro; 3,7-19, a instituição dos Doze; 6,6b-13, a missão dos Doze.

• Na sequência, há ações e ensinamentos de Jesus que geralmente desencadeiam perguntas sobre Ele.

• Como conclusão de cada seção, narra-se uma reação negativa diante de Jesus: 3,6, os fariseus e herodianos decidem matá-lo; 6,1-6a, os habitantes de Nazaré se escandalizam com Ele; 8,14-21, os discípulos ainda não o entendem.

Esses detalhes estilísticos não são de pouca conta. A repetitividade dá vigor a três destaques: Jesus está revelando o mistério de sua pessoa por meio de ações e palavras; a compreensão, contudo, ainda é incompleta e, mesmo quando parece se encaminhar positivamente, ainda falta alguma coisa (é emblemático, nesse sentido, o último episódio, em que o cego de Betsaida necessita de uma segunda intervenção taumatúrgica para recuperar plenamente a vista: 8,22-26); o fundamental é permanecer com Jesus, ser seus discípulos, segui-lo.

Ora, para o que se disse não seja tomado por conclusão apressada, retomemos a leitura da primeira seção: Mc 1,14–3,6.

A dimensão que mais caracteriza os episódios narrados entre 1,14 e 3,6 é a velocidade. Uma dica: o advérbio "imediatamente" aparece 41 vezes em todo o Evangelho; dessas, 29 estão entre 1,14 e 8,26; mais precisamente ainda, 12 vezes em Mc 1,14–3,6. Nesses primeiros episódios tudo ocorre com extrema rapidez: as ações de Jesus (chama, ensina, cura e sai), a reação dos discípulos (seguem-no), a preocupação dos espíritos imundos; imediatamente a sua fama se difunde em toda a região, mas na mesma velocidade surge um grupo de inimigos decididos a eliminá-lo: "Retirando-se os fariseus, conspiravam logo com os herodianos, contra Ele, em como lhe tirariam a vida" (3,6).

Nessa primeira seção do Evangelho, o evangelista narra uma série de acontecimentos caracterizados por uma grande velocidade. Mas esse não é o único elemento distintivo; notamos também, em segundo lugar, que tudo é reduzido à cidade de Cafarnaum:

Jesus chega a esse lugar com seus discípulos em 1,21; pelo final do capítulo 1, Marcos narra como Ele se retirou dali, mas logo em 2,1 anota que Ele "entrou de novo em Cafarnaum" e em 3,1 que "entrou de novo na sinagoga"; é o advérbio "de novo" que chama a atenção: Marcos quer sublinhar que Jesus teve como ponto de referência a cidade junto ao lago e, particularmente, a sinagoga. Ele se desloca também para outros lugares: os versículos 1,14 e 1,39, construídos paralelamente, dizem que Jesus está percorrendo toda a Galileia; mas Cafarnaum exerce a função de ponto fixo de sua atividade.

Uma terceira característica desses primeiros episódios é a grande quantidade de milagres: até existe algum tímido aceno ao fato de Jesus ensinar, mas esses ensinamentos não são reportados. É importante notar, porém, não somente que Marcos narra muitos prodígios, mas também *como* o faz. A propósito, gostaria de sublinhar rapidamente três tópicos. O primeiro: o poder de Jesus sobre toda forma de doença e (portanto) de espírito imundo é incrivelmente grande e esmagador; não existe forma de mal que resista à sua palavra; Ele é verdadeiramente mais forte do que João Batista, capaz de "batizar" (*i. e.*, imergir) no Espírito de Deus (*i. e.*, na presença poderosa de Deus: 1,7-8). Com incrível facilidade realiza todo tipo de prodígio. O segundo tópico: das ações de Jesus emergem alguns traços de sua pessoa; direta ou indiretamente, afirma-se que Ele ensina com autoridade, comanda os espíritos imundos que o obedecem, cura toda doença, purifica da lepra, perdoa os pecados. Os milagres, em outras palavras, "revelam" a identidade de Jesus. Mas – terceiro tópico – diante dessa quantidade de ações prodigiosas há reações divergentes: as multidões estão entusiasmadas; os espíritos imundos, aterrorizados; um grupo de opositores reage negativamente, conseguindo encontrar defeito em cada ação de Jesus (desde quando Ele retorna a Cafarnaum em 2,1, registramos uma sequência de cinco controvérsias). Assim, se por um lado o milagre revela algo de Jesus, por outro continua um sinal fraco, insuficiente para compreendê-lo e acreditar nele; as mesmas multidões, embora entusiasmadas, não conseguem chegar a verdadeiras profissões de fé. As reações não passam de meras exclamações e perguntas: Mas quem é este?

Milagres, exorcismos e Reino de Deus

Especialmente na primeira parte, o Evangelho segundo Marcos está recheado de ações taumatúrgicas realizadas por Jesus: somente com a palavra e o toque de sua mão Ele é capaz de sanar um endemoninhado, aplacar a febre, purificar um leproso, acalmar o revolto mar... São narrativas difíceis de harmonizar com a cultura atual. Como afirma Manicardi (2002: 241), de fato "a definição desses dados, amadurecida em um determinado ambiente, é *ao menos em parte* condicionada pela sociedade em que ocorrem esses eventos e pelas categorias de pensamento lá utilizadas". Comparando as narrativas evangélicas com os paralelos mais ou menos contemporâneos (p. ex., com a *Vida de Apolônio de Tiana* de Flávio Filóstrato), nota-se que os evangelistas tendem quase que completamente a eliminar o aspecto "mágico" (fórmulas, ritos estranhos, fenômenos paranormais); todavia, para entrar em sintonia com eles é necessário que nos situemos em um modo de conceber a realidade que não corresponde ao atual. Na antiga visão da realidade, o mundo é criado e guiado por Deus; e ainda há o espaço para a ação de satanás, que busca de todas as maneiras "diminuir" a santidade da criação, tornando imundo (*i. e.*, distante de Deus) o que foi criado bom. Toda doença ou fenômeno natural negativo, portanto, seria expressão de uma obra maligna (por isso são muitas as cenas em que Jesus expulsa os espíritos imundos e também outros tipos de milagre são apresentados de maneira parecida: 1,25 e 4,39); e toda ação que derrota a doença levando a criação novamente à paz é expressão da presença de Deus – ou, usando uma expressão típica do Evangelho, do Reino de Deus. Os milagres de Jesus são, portanto, manifestações concretas do anúncio de que "o Reino de Deus está próximo" (1,15), embora, como se verá na continuação da leitura, Marcos não demore a evidenciar todos os limites dessas ações taumatúrgicas, insuficientes para compreender plenamente o mistério de Deus. É somente na cruz, rejeitando qualquer milagre para si mesmo, que Jesus revelará plenamente o seu rosto.

Em síntese, Marcos recolhe os primeiros episódios da vida pública de Jesus, ambientados no entorno de Cafarnaum, de maneira que o efeito de conjunto seja surpreendente: é verdadeiramente um salvador poderoso, capaz de fazer florescer a vida ¨em torno a si como uma explosão (compreendemos porque muitos autores chamam esse período de "a primavera galileia"). Em outras palavras: a afirmação "O Reino de Deus está próximo" (1,15) torna-se palpável. Por que, então, Jesus não é acolhido pela humanidade? O que falta ainda para que os entusiastas consigam compreendê-lo e crer mais profundamente? E por que, justamente aos poucos que o compreendem (na realidade, somente os espíritos imundos ainda), Jesus ordena que se calem? No Evangelho segundo Marcos, as respostas demoram a chegar: por enquanto, contentemo-nos apenas em colocar as perguntas.

O lago: o que faz a diferença (3,7–6,6a)

Em Mc 3,7 mudam as referências geográficas: depois de sair da sinagoga, de fato, por um bom tempo, Jesus não voltará à cidade de Cafarnaum e sua área de atuação continuará o Lago da Galileia. Ele já passara por ali (1,16; 2,13-14), mas agora dá a impressão de se estabelecer junto ao lago: "Retirou-se Jesus com os seus discípulos para os lados do mar" (3,7). Não permanece sempre ali, à margem: também vai para o alto de um monte e entra numa casa; mas cedo ou tarde retorna para as proximidades do lago (o vers. 4,1 destaca essa ideia com o advérbio "de novo"). Dali, ensina, sentado num barco e pouco afastado da terra, e, passando de uma margem à outra, realiza milagres potentes.

Ensinamentos e milagres: os dois polos que exprimem sinteticamente Mc 3,7–6,6a: de 3,7 a 4,34 encontramos um Jesus que ensina, e finalmente temos o conteúdo dos seus ensinamentos; de 4,35 a 6,6a, quando começa a se deslocar de uma parte à outra do lago, então recomeçam os milagres: acalma o mar bravio, cura um endemoninhado que parecia incurável, cura uma mulher que sofria com o fluxo de sangue e ressuscita a filha de Jairo.

Seguindo a ordem, analisamos primeiramente as palavras de Jesus. São de três tipos: censura os espíritos imundos para que não revelem a sua identidade; discute com os seus adversários que o acusam de ser um emissário do demônio (Se não fosse assim, por que afinal expulsa os demônios com tanta facilidade?); ensina as multidões em parábolas e explica cada coisa privadamente aos seus discípulos. Sobre esse último aspecto, convém que nos detenhamos porque exemplifica o clima que se cria em torno a Jesus. Algumas frases do capítulo 4 criam não pouca dificuldade aos exegetas porque Jesus declara explicitamente a sua vontade de não explicar tudo a todos: "Ele lhes respondeu: A vós outros vos é dado conhecer o mistério do Reino de Deus; mas, aos de fora, tudo se ensina por meio de parábolas, para que, *vendo, vejam e não percebam; e, ouvindo, ouçam e não entendam; para que não venham a converter-se, e haja perdão para eles* (4,11-12). As últimas palavras, aqui citadas em itálico, são uma citação de Is 6,9-10. Sem entrar nos detalhes de um texto realmente complexo; notamos somente que a distinção principal não é feita por Jesus, mas por seus ouvintes: Jesus conta as parábolas a todos, mas somente alguns (o grupo não é bem definido: "os que estavam junto dele com os doze", diz 4,10) se interessam e pedem explicação. A eles, Jesus oferece o mistério do Reino dos Céus; a eles explica o sentido daquilo que está fazendo. Em outras palavras, para compreender Jesus e acolher a sua salvação é necessário deixar-se envolver por Ele, segui-lo, permanecer com Ele. O entusiasmo não é suficiente, é mister a radicalidade da *sequela* (como já era possível intuir de 1,16-20). As parábolas de 4,1-34 oferecem uma chave de leitura do que está acontecendo junto ao lago: o Reino de Deus pode produzir frutos mais do que abundantes – até 100 por 1 – se for acolhido; mas isso não é automático.

O fosso entre aqueles que permanecem com Jesus e todos os outros aumenta com os milagres, narrados de 4,35 em diante. Por um lado, é o mesmo Jesus que estabelece distinções, pois o prodígio do mar revolto e o milagre realizado na Decápole são reservados somente aos discípulos (as multidões não estão presentes fisicamente) e, no que tange à ressurreição da filha de Jairo, Jesus impõe silêncio absoluto. O que ocorre em Nazaré demonstra, por outro lado, que a sua escolha não é arbitrária: embora reconheçam todos os seus prodígios, os concidadãos de Jesus o rejeitam, escandalizados e incapazes de acreditar nele. Se comparada à primeira seção, aqui aumenta a gravidade da rejeição: de uma parte os milagres são mais estrondosos, de outra os que não acreditam não são os inimigos, mas os próprios conterrâneos de Jesus. Diante de tanto poder, existe a possibilidade negativa: permanecer alheios, ou até mesmo rejeitar essa força porque não parece suficientemente lógica.

Em suma: O que Marcos almeja narrando dessa maneira a segunda etapa de seu Evangelho? Não se contenta em continuar a descrever a grandiosa irrupção da salvação trazida por Jesus (que em duas ocasiões chega às alturas divinas: quando acalma o revolto mar em 4,35-41 e quando caminha sobre as águas em 6,45-52); não está satisfeito nem mesmo em destacar como também a indiferença e a rejeição estejam aumentando. Graças às palavras com as quais Jesus intercala as parábolas, Marcos nos convida a refletir sobre o que faz a diferença entre acolhimento e rejeição: estar entre aqueles que seguem Jesus, buscam e permanecem próximos a Ele. Nem mesmo estes conseguem detê-lo (1,35-39) nem compreendem tudo sobre Ele (4,13), mas estão no caminho certo.

Até nos territórios pagãos: o cansaço dos discípulos (6,6b–8,26)

Marcos começa narrando alguns episódios ambientados em Cafarnaum e circunvizinhança; depois amplia o raio de ação mostrando-nos Jesus que se desloca ao longo e através do lago; na terceira seção dessa primeira parte do Evangelho, a geografia é ainda mais extensa. Jesus, de fato, se demora nos territórios pagãos que "circundavam" a terra de Israel. Aliás, podemos dizer que Marcos enfatiza esse *excursus* de Jesus, uma vez que o narra enquanto Jesus perfaz um itinerário improvável: sobe da Galileia rumo ao Nordeste até o litoral de Tiro e Sidônia e depois, para voltar ao lago, dá uma volta enorme até chegar à Decápole que estava no Sudeste... No capítulo 7, Jesus discursou sobre o puro e o impuro, liberando todos os alimentos (vetados pelas numerosas leis alimentares presentes no ambiente hebraico); e depois "aplica" essa sua visão ao mundo das pessoas, mostrando não ter medo de se contaminar entrando nas cidades dos pagãos. Aliás, nesses lugares Ele encontra algo extraordinário: uma fé surpreendente.

Assim, por um lado, Jesus vai longe; por outro, Ele se concentra cada vez mais com os seus discípulos. Neste ponto, convém uma precisão terminológica: o grupo que habitualmente chamamos "discípulos" não é bem definido por Marcos; às vezes trata-se dos Doze, chamados também de "apóstolos"; outras vezes fala-se mais genericamente de "discípulos", sem, contudo, deixar claro se existe ou não uma identificação entre os dois grupos. Se ainda acrescentamos tudo o que se viu na seção anterior, quando os protagonistas são aqueles que "estão com Ele", devemos admitir que é uma sorte ter também o auxílio dos outros Evangelhos, sob pena de confusão. De qualquer maneira, é claro que esse grupo (que chamamos de "discípulos" por praticidade) não se confunde nem com as multidões nem com os adversários de Jesus. Ademais, é nesse grupo que se concentra a atenção do mestre e do evangelista. Não faltam os milagres e a reação admirada das pessoas, nem as discussões com escribas e fariseus; mas quem ocupa o centro da cena é sem dúvida o grupo dos discípulos. Podemos encontrar ainda outros temas, como aquele dos pães (as duas narrativas de multiplicação levaram muitos autores a apelidarem esses capítulos como "a seção dos pães"); mas "[o tema] da compreensão e da incompreensão dos discípulos unifica todos os outros, constituindo o fio condutor de todo o conjunto" (FOCANT, 2015: 249).

Como personagem (coletivo) eles começam a emergir com maior decisão. Inicialmente, eles têm um papel ativo: Jesus os envia em missão para que se ocupem em tornar presente o Reino de Deus. Ele os quereria mais ativos quando diante de uma multidão aniquilada a ser alimentada; mas eles declaram sua incapacidade e, não obstante, Ele os chama para colaborar, distribuindo os pães e os peixes. Os discípulos, então, continuam como destinatários privilegiados tanto de um milagre (Jesus caminha sobre as águas: 6,42-51) quanto de um ensinamento (depois da discussão sobre o puro e o impuro: 7,17-23). A formação continua, seja na teoria, seja na prática.

Até aqui vimos o lado positivo dos discípulos, mas nesta seção do Evangelho aparece como um refrão em coro também a sua incapacidade de compreensão. A primeira ocasião em que se pode notar tal característica é um comentário de Marcos, que assim explica a reação dos discípulos a Jesus que caminha sobre as águas: "não haviam compreendido o milagre dos pães; antes, o seu coração estava endurecido" (6,52). A segunda ocasião é quando eles perguntam a Jesus o significado de suas palavras sobre puro e impuro e Ele explode: "Assim vós também não entendeis? Não compreendeis que tudo o que de fora entra no homem não o pode contaminar, porque não lhe entra no coração, mas no ventre, e sai para lugar escuso? (7,18-19). A situação fica dramática depois da segunda multiplicação dos pães: "Ainda não considerastes, nem compreendestes? Tendes o coração endurecido?", diz Jesus, e depois de alguma explicação conclui: "Não compreendeis ainda?" (8,17.21). Notamos a repetição por três vezes da incapacidade de compreender dos discípulos unida à repetição por duas vezes do fato de terem o coração endurecido. Unindo esses dois elementos, emerge um duríssimo julgamento: de fato, o coração endurecido era uma característica distintiva dos escribas e fariseus, inimigos declarados de Jesus (3,5); e a incompreensão caracterizava "os de fora" (4,12). Os discípulos continuam a seguir Jesus, e – como já no capítulo 4 – quando não compreendem recorrem a Ele pedindo explicações; mas se antes isso era suficiente, agora não é mais. São estimulados a caminhar, a crescer como grupo.

Nessa terceira seção do seu Evangelho, portanto, Marcos nos conta como a influência benéfica de Jesus se amplia rapidamente, a ponto de ultrapassar não somente os confins do lago, mas também o território histórico de Israel, alcançando os vilarejos ou distritos pagãos limítrofes. Infelizmente, cresce também a incompreensão: no início eram somente escribas e fariseus; depois seus conterrâneos de Nazaré; agora até mesmo os seus próprios discípulos. Quanto mais Jesus os forma, mais recaem no papel de não compreender o Mestre. Por que tanta insistência em anotar a incompreensão dos discípulos e a dureza de seus corações? Por que Marcos não apara as arestas como farão Mateus e Lucas? Ao comentar Mc 6,52, Gnilka (1987: 372) responde assim: "A incredulidade deles não desqualifica o evento taumatúrgico, mas estabelece seu limite". Se justamente esses que são favorecidos sob qualquer ponto de vista não conseguem ainda compreender, quer dizer que os milagres e os ensinamentos concretizados até agora revelam Jesus somente até certo ponto. Ainda falta algo fundamental. Assim, enfatizando a incompreensão dos discípulos, Marcos inaugura a segunda parte do seu Evangelho.

Pelo caminho: o Messias caminha para a morte-ressurreição (8,27–10,52)

Também a segunda parte da narrativa de Marcos se desenrola em três seções: 8,27–10,52; 11,1-13; 14,1–15,8. Dessa vez, contudo, as seções não são reconhecidas por sua estrutura formal similar, mas pela consideração conjunta da passagem do tempo e das mudanças de espaço. Geralmente, nota-se que, descendo da Galileia a Jerusalém, ralenta-se progressivamente o ritmo dos acontecimentos (uma dica: tende a desaparecer o advérbio "imediatamente"): depois de dedicar oito capítulos aos meses (anos?) passados na Galileia, agora Marcos precisa de dois capítulos somente para a viagem para Jerusalém, e depois – ralentando sempre mais – de outros três para alguns dias transcorridos a ensinar no pátio do templo e, enfim, de dois capítulos inteiros para narrar aquilo que aconteceu nas poucas horas entre a tarde de quinta-feira e a tarde de sexta-feira, entre a prisão e a morte de Jesus. Quanto mais nos aproximamos da morte de cruz, tanto mais se ralenta o ritmo da narrativa: é um indício de que estamos chegando aos acontecimentos mais importantes segundo a perspectiva de Marcos.

Mas comecemos pela seção que vai de 8,27 a 10,52. Uma característica evidente é a geografia claramente modificada: embora por um pouco estejamos na Galileia, somente *en passant* se diz que Jesus está por perto de Cafarnaum e o Lago de Genesaré nunca é mencionado. O que caracteriza esses capítulos é o fato de Jesus estar percorrendo um caminho com seus discípulos (e às vezes também com as multidões). Se tomamos somente a palavra "caminho/estrada" não notamos nessa seção uma concentração maior do vocábulo em comparação com outras partes do Evangelho. Contudo, retorna de maneira acentuada (5 vezes em 6) a expressão "pela estrada", "no caminho". Em três ocasiões Marcos oferece tal esclarecimento, marcando as etapas principais de uma viagem que começa do Norte extremo, nos vilarejos em torno de Cesareia de Filipe (8,27); prossegue pela Galileia (9,33-34); dirigindo-se a Jerusalém (10,32-52).

Ao longo do percurso diminuem bastante os milagres, reduzidos a alguma cura (o outro evento especial é a transfiguração); prevalece, por parte de Jesus, o ensinamento, que frequentemente é reservado aos discípulos. Como já em 6,6b–8,26, é neles que se concentra a atenção do mestre. Embora haja outros personagens, os discípulos/apóstolos são onipresentes. Assim, além de ser um deslocamento geográfico, a viagem para Jerusalém é uma espécie de "retiro itinerante" para os discípulos de Jesus. Um retiro sobre os mais variados temas: desde o uso das riquezas até a indissolubilidade do matrimônio. Se comparada com a de Lucas, porém, a narrativa de Marcos é muito mais sóbria no que se refere a outros temas e se concentra quase que exclusivamente em questões relacionadas à *sequela* [seguimento] (o que significa e o que implica seguir Jesus).

Mas atenção: os ensinamentos de Jesus sobre as exigências da *sequela* não são abstratos; são pronunciados num contexto preciso de maneira redundante por três vezes e usando o mesmo esquema, justamente enquanto está no caminho, Jesus anuncia a proximidade de sua paixão-morte-ressurreição (os episódios que contêm os anúncios e as recorrências da expressão "ao longo do caminho" coincidem). Este é o esquema: 1) Jesus prediz o que lhe ocorrerá (8,31-32a; 9,31; 10,32-34); 2) os discípulos reagem de maneira negativa (Pedro procura dissuadir Jesus de seu projeto em 8,32b; Tiago e João estão muito distantes de Jesus e esperam dele os lugares de honra em seu reino em 10,35-37); 3) Jesus esclarece alguns aspectos da *sequela* (8,34–9,1: renunciar-se a si mesmo; 9,35-37: serem os últimos e os servos; 10,41-45: não serem servidos mas servirem). Na viagem para Jerusalém, portanto, Marcos não reúne um catecismo universal, mas recorda que, por três vezes, Jesus anunciou a sua paixão, repete que os discípulos ainda não estavam sintonizados com a sua perspectiva, explica de que maneira essa perspectiva deveria caracterizar a conduta dos discípulos.

O Filho do Homem

Seria ingenuidade tentar esgotar em poucas linhas o debate sobre o epíteto "Filho do Homem" nos Evangelhos. Esse tema ocupou e continua a ocupar um lugar importante nos estudos bíblico-teológicos. Contudo, pode nos ser útil, a esta altura do Evangelho segundo Marcos, refletir um momento sobre a função que esse título desempenha na trama narrativa. Partimos de um dado de fato evidente: a expressão "Filho do Homem" equivale a um pronome pessoal (no lugar de "eu"), é usada somente por Jesus e sempre em referência a si mesmo. Em outras palavras, o Filho do Homem é Jesus. Sobre isso, duas reflexões. A primeira: enquanto o título "Messias", no século I d.C., está carregado até demais de significados (logo, de possíveis incompreensões), a expressão "Filho do Homem" continua bastante vaga, é pouco usada no Antigo Testamento (Ezequiel e Daniel) e não ocupa um lugar de destaque na literatura judaica contemporânea. O fato que Jesus se chame com esse apelativo, portanto, mais do que oferecer respostas, suscita no leitor uma série de perguntas e o leva a interrogar a narrativa: O que quer dizer falando de si dessa maneira? Uma segunda reflexão: em certo sentido, o uso desse título por Jesus é como que um marca-páginas para os leitores de Marcos. É claro que "Filho do Homem" equivale a "Jesus", mas o fato de essa expressão ser usada somente em alguns momentos de sua vida permite ler conjuntamente essas passagens: assim que termina de falar do Filho do Homem sofredor e assassinado (os três anúncios), cantará então sua potência gloriosa no fim dos tempos (discurso escatológico). É a mesma pessoa, Jesus, aquele que será assassinado e voltará glorioso; é verdadeiramente homem (segundo a nuança presente em Ezequiel), mas também revestido de uma autoridade que supera os limites humanos (segundo a nuança de Daniel).

Qual seria então o principal interesse de Marcos em contar essa quarta seção de seu Evangelho? Certamente, prossegue na apresentação da grandeza de Jesus, que expulsa os demônios;

continuam ainda alguns de seus ensinamentos sobre um ou outro tema (muito mais difusos agora do que na primeira parte do Evangelho); porém, mais do que tudo isso, a Marcos interessa contar como Jesus estaria plasmando os seus discípulos.

Vimos que o itinerário formativo, já em 8,26, ainda estava incompleto: faltava algo fundamental. A resposta de Pedro em 8,29 não parece tão feia; falando em nome de todos, ele diz a Jesus: "Tu és o Cristo", adivinhando aquilo que nós já sabíamos desde Mc 1,1 ("início do Evangelho de Jesus Cristo, Filho de Deus"). Por um lado, ainda falta um elemento (o "Filho de Deus"); por outro as palavras de Pedro são tão lapidares a ponto de se tornarem vagas: Em que sentido ele compreende a palavra "Cristo"? Existe sintonia entre o pensamento de Pedro e o de Jesus? Basta ler Mc 8,32-33 para perceber claramente que tal sintonia inexiste. É útil, contudo, notar que a compreensão é equivocada, mas a designação é correta (Jesus realmente é o Cristo!), correta mas ainda incompleta, "correta, mas não definitiva" (MASCILONGO, 2011: 112). Os discípulos, pela voz de Pedro, chegaram até aqui: atribuir a Jesus o título de "Messias/Cristo"; agora é Ele mesmo que, por meio dos três anúncios da paixão-morte-ressurreição, "enche" de significado esse vocábulo tão polissêmico: Há um plano de Deus, no qual Jesus é o Filho-salvador, mas não sem passar através da morte violenta. Assim, para os discípulos – e para nós que lemos – começa a ganhar consistência a fisionomia de Jesus o Cristo, o Filho de Deus, de uma maneira definitivamente desconcertante.

No Templo de Jerusalém: o fim de um mundo (11,1–13,37)

Já em Jerusalém, Marcos parece se tornar mais preciso no que se refere ao transcorrer do tempo, que combina a mudanças explícitas de lugar: tendo entrado uma primeira vez no Templo, Jesus deixa a cidade e se retira pela noite em Betânia; "no dia seguinte" (11,12) volta a Jerusalém, expulsa os vendilhões do Templo e retorna a Betânia para passar a noite; "de manhã cedo" (11,20; presumivelmente, a manhã seguinte) retorna a Jerusalém e começa uma longa série de discussões com as autoridades. Iniciado o terceiro dia, as referências se perdem na indistinção e até o capítulo 13 continuamos em Jerusalém com Jesus que discute e ensina, para então encontrá-lo novamente em Betânia no capítulo 14 e depois ainda em Jerusalém. O critério cronológico gradativamente desaparecendo e o critério geográfico continua ainda depois desta seção. O que, aliás, caracteriza estes capítulos e os distingue tanto dos precedentes quanto dos próximos é que "tudo ocorre ou é dito a caminho do Templo, no Templo ou diante dele" (LÉGASSE, 2000: 556).

Toda essa insistência no Templo não é um elemento puramente formal, é um modo com o qual Marcos nos lembra que, depois das rusgas que mais ou menos acompanharam o seu percurso até aqui, agora Jesus se confronta diretamente com o coração do modelo hebraico (que, não nos esqueçamos, é o seu mundo). Ele está no lugar mais santo, onde encontra e enfrenta os principais representantes desse modelo.

O primeiro movimento é feito por Jesus: em dois dias Ele realiza três ações que têm um forte valor simbólico. Primeiramente, Ele entra em Jerusalém montado num jumento, descendo do Monte das Oliveiras; assim cumpre a promessa do Profeta Zacarias e se apresenta como o esperado Messias. O povo não tem dúvida: "Bendito o reino que vem, o reino de Davi, nosso pai!" (11,10). Na maior parte do Evangelho, Jesus não queria que as pessoas o reconhecessem publicamente como Messias ou Filho de Deus; isso seria muito perigoso, muito fácil de criar mal-entendidos. Mas agora, após os três anúncios da paixão-morte-ressurreição, as cartas são descobertas e não há mais o perigo de deturpação (embora, como vimos, até mesmo os discípulos acham difícil de entender); por isso, em Jericó, Jesus aceita que Bartimeu o chame de "Filho de Davi" (que é como dizer: Messias) e em Jerusalém não faz nada para impedir o entusiasmo das multidões, que estimula com seu comportamento. Portanto, Jesus se candidata a ser aquele que satisfaz as expectativas de Israel; mas os seus outros dois gestos são de ruptura com a autoridade estabelecida: Ele expulsa os vendilhões dos pátios do Templo (onde eles tinham uma permissão de comércio regular) e seca uma figueira na qual não encontra frutos (um símbolo de Israel que não frutifica?).

A expulsão dos vendilhões do Templo causa um contramovimento pelas autoridades. Agora é guerra aberta: representantes de vários grupos religiosos e/ou sociais estão tentando de todas as formas colocar Jesus em dificuldade, mas o resultado está sempre a seu favor. Discutindo com Ele, é impossível sair vencedor; de fato, alguns ficam até maravilhados com suas respostas e no final Ele será o próprio Jesus – depois de ter aparado golpe por golpe – a colocar em dificuldade os outros com um único impulso. A tentativa de desqualificar o ensinamento de Jesus falhou (uma tentativa que se volta contra os agressores), restará somente a opção violenta.

O terceiro movimento ainda é de Jesus, que retorna à questão do Templo e sua destruição, agora anunciada diretamente; Ele o faz com o chamado "discurso escatológico", que ocupa todo o capítulo 13. É um dos textos mais distantes de nosso panorama cultural, mas não do panorama dos contemporâneos de Jesus: emprestando vocabulário, estilo e conteúdo da literatura apocalíptica (que floresce nos apócrifos do Antigo Testamento), Ele anuncia que o fim do Templo não é o fim do mundo, mas de um mundo. A iniquidade que está remoendo contra Ele também será desencadeada sobre os discípulos, pois será derramada sobre os perseguidores e sobre o mundo inteiro; quando essas coisas acontecerem, então Jesus virá glorioso nas nuvens com grande poder e glória. É possível, portanto, intuir que, além dos tons catastróficos, o discurso escatológico é o enésimo anúncio de que, após a paixão, haverá a ressurreição: quando tudo parecer desmoronar, Jesus ainda estará lá, vivo e vitorioso. Infelizmente, como os anúncios anteriores da ressurreição, também este último discurso não será suficiente para sustentar os discípulos nos dias da paixão...

Tendo chegado a Jerusalém, o jogo se torna duro e os tons ásperos de um lado e do outro (porque Jesus também não está de brincadeira...). Isso dá a Marcos a oportunidade de continuar a delinear a fisionomia de Jesus, agora expressamente reconhecida como Messias: Ele será rejeitado, entregue, torturado, morto, mas não derrotado! O relato da paixão, que se segue imediatamente, não é a última palavra sobre o destino do Filho do Homem. Marcos quer que leiamos os últimos acontecimentos da vida de Jesus com essa consciência clara (em outras palavras, ele quer para nós o que Jesus queria para seus discípulos).

Na cruz: o ponto de chegada (14,1–16,8)

Os fatos narrados nessa última seção estão entre os mais conhecidos dos Evangelhos e, muito provavelmente, entre os primeiros a serem transmitidos oralmente e por escrito. Não há sinais estruturais importantes nesses capítulos, mas apenas indicações contínuas cronológicas e/ou espaciais que servem como um marcador entre as cenas que se sucedem em um crescendo dramático: dois dias antes da Páscoa e dos ázimos (14,1) ambientam mais uma decisão para matar Jesus, a unção em Betânia a traição de Judas; no primeiro dia dos ázimos (14,12) é colocada a última ceia: preparação, ceia (início da noite), deslocamento para o Monte das Oliveiras e oração no Getsêmani, prisão, "processo" diante do Sinédrio, negação de Pedro; na manhã seguinte (15,1), o julgamento diante de Pilatos, coroação de espinhos, crucificação e morte, sepultamento (ao cair da tarde: 15,42); no dia seguinte, descansam e, dois dias depois (16,2), as mulheres vão ao sepulcro mas não encontram Jesus.

É claro que o tempo desacelera bastante: entre 14,17 e 15,41 passa apenas um dia; durante a crucificação Marcos marca as horas: são nove da manhã quando crucificam Jesus (15,25), ao meio-dia escurece toda a terra (15,33), às três da tarde Jesus morre (15,37). A lentidão, a atenção aos detalhes, as muitas citações e alusões aos textos do Antigo Testamento permitem-nos intuir que chegamos ao ponto: aos poucos nos aproximamos da culminação da história do Evangelho, da morte na cruz de Jesus. A teologia de Marcos, onde "todos os fios narrativos da história anterior acabam se entrelaçando" (FOCANT, 2015: 544). Vamos ver como isso é verdade com três reflexões de conjunto.

A primeira: a morte na cruz é o ponto culminante da revelação de Jesus; isso pode ser percebido a partir do enredo de todo o Evangelho e do andamento da narrativa de Mc 15, que é muito centrada na identidade de Jesus. Retomamos, rapidamente, a discussão do princípio. O título do livro dizia: "Início do Evangelho de Jesus, Cristo, Filho de Deus" (1,1); mesmo antes de começarmos a ler a história, sabemos que o autor está particularmente interessado na identidade de seu personagem principal (em outras palavras: é importante para ele nos dizer quem é Jesus). Na primeira parte do Evangelho, Marcos nos apresenta um Jesus poderoso contra o mal, que semeia e propaga o Reino de Deus na terra; ainda assim, grandes milagres e ensinamentos autorizados não são suficientes: apesar de tudo, existem aqueles que se levantam contra Ele, nem mesmo as multidões o compreendem muito bem e os próprios discípulos – que também o dizem em palavras – não entendem o que significa dizer que Jesus é o Messias. Não é culpa de ninguém; é que um elemento fundamental ainda está faltando na revelação de Jesus: Ele traz a salvação (o reino) não apenas com milagres e discursos, mas especialmente e definitivamente através de sua morte. No caminho para Jerusalém tudo isso foi anunciado; agora se realiza. De fato, a morte se aproxima e Jesus está ciente disso: de maneira que está muito distante de Betânia (14,3-9), com um tom decididamente mais dramático no horto do Getsêmani (14,32-42). Ele está prestes a ser morto e, durante a ceia com os seus, explica o significado de sua morte: uma aliança com Deus é ratificada em seu sangue derramado. Outros escritos do Novo Testamento (Cartas e Apocalipse) aprofundam o tema; Marcos se contenta em narrá-lo, deixando-nos entrever a real extensão do que está acontecendo (o fato em si – uma crucificação – infelizmente não foi particularmente raro). Quando Jesus morre na cruz, na verdade, parece o fim: "Desça agora da cruz o Cristo, o rei de Israel, para que vejamos e creiamos" (15,32), dizem seus adversários. A cruz parece dizer que Jesus não é o Messias, mas para aqueles que estão atentos, Marcos indica o contrário: este é o dia do Senhor, o dia em que Deus faz reinar a justiça (o que pode ser intuído pela escuridão que cobre toda a terra, de acordo com a profecia de Amós, um dos sinais que ele teria advertido: esse dia chegou, Am 5,18-20 e 8,9); é o dia em que se cumpre a Escritura: as muitas referências ao Antigo Testamento na história da morte dizem que tudo está acontecendo de acordo com o plano de Deus, depois de contemplar "o espetáculo da cruz" (segundo uma definição de MAGGIONI, 2001), finalmente, a revelação está completa: sabemos quem é Jesus, Filho de Deus.

Uma segunda reflexão é necessária: essa revelação de Jesus, que culmina na morte na cruz, é paradoxal e não óbvia. Como Aletti observa várias vezes, comparando a "biografia" de Jesus com a dos famosos personagens antigos, não há final feliz na história de Marcos; sem reabilitação de última hora (ALETTI, 2017). Depois da morte na cruz há apenas as palavras do centurião, que diz: "de fato este homem era Filho de Deus" (Mc 15,39); mas nenhum dos presentes demonstra prestar atenção às suas palavras – e, por outro lado, ele mesmo não entendeu completamente o significado do que dizia (ele usa o verbo no imperfeito, "era", significando que agora está tudo acabado). Além disso, tais coisas não aconteceram para levar os presentes a se prostrarem em adoração; ninguém naquele dia reuniu certos dados ou evidências claras em favor da filiação divina de Jesus. O que há é apenas um homem executado da maneira mais cruel. Nem mesmo a morte na cruz, portanto, que é a culminação da revelação de Jesus, pode ser considerada um evento forte e seguro, ou convincente e tranquilizador. Longe disso! Como Paulo diz aos coríntios: "mas nós pregamos a Cristo crucificado, escândalo para os judeus, loucura para os gentios" (1Cor 1,23). Mesmo o último episódio do Evangelho, que conta quando as mulheres foram ao sepulcro de Jesus, é tudo menos um final tranquilizador (GUIDA, 2015: 765): Deus ressuscitou Jesus, mas a notícia é tão grandiosa que provoca medo! É verdade que Marcos não abandonou os seus leitores, mas preencheu a narrativa da morte de Jesus com referências ao Antigo Testamento; seriam suficientes para dizer que o centurião está certo (e todos os outros errados)? Ainda são sinais "fracos" que certamente não levaram o mundo inteiro a acreditar em Jesus, o Filho de Deus. Portanto, no final, até nós que lemos devemos decidir em quem acreditar; talvez tenha razão o centurião, ou talvez os outros: há indícios, não prova segura além de qualquer dúvida razoável. Marcos é assim: se quisermos que alguém nos poupe do trabalho de decidir, é melhor não recorrer a ele.

A conclusão modificada

A importância da cruz para Marcos também é entendida a partir da conclusão do Evangelho: os manuscritos mais antigos e geralmente considerados importantes (Vaticano e Sinaítico) terminam com o versículo 8, quando as mulheres fogem do túmulo e, por medo, não denunciam a mensagem do anjo a ninguém. É óbvio que algo está faltando, caso contrário, não se explicaria como, em seguida, a mensagem cristã foi espalhada ao redor do mundo desde o século II. Por isso, adicionaram-se alguns versículos (entre outras propostas, foi aceita pela Igreja a que consiste hoje nos vers. 9-20, o chamado "final canônico"), que completa a história. Mas é significativo que a história original de Marcos termine dedicando pouco espaço para a ressurreição, o que não é narrada, mas somente anunciada, não para negar sua importância, mas para que o leitor não passe muito rapidamente sobre o mistério fundamental que é a morte na cruz. Não se pode entender Jesus e acreditar nele, se não se contemplar o espetáculo da cruz; o leitor de Marcos deve lembrar-se disso, por isso quando chega ao versículo 8 é mandado de volta e convidado a parar novamente.

Concluímos com uma terceira e última reflexão, que é a mais importante. A história da morte na cruz não apenas revela a nós quem é Jesus, mas também nos diz, de uma maneira não menos paradoxal, quem é Deus: na morte de Jesus, de fato, o véu do Templo é dividido em dois (cf. 15,38). O véu era aquela cortina que separava a parte mais sagrada do Templo (o Santo dos Santos, que é portanto o lugar mais sagrado em toda a terra) do resto do santuário. O evangelista usa o mesmo verbo que utilizou quando, no batismo, os céus foram rasgados para fazer "descer" o Espírito e a voz de Deus (cf. 1,10-11); a morte na cruz é um episódio de revelação: com ela, rasga-se de alto a baixo o diafragma que impedia o aproximar demais de Deus. "O tempo está cumprido, e o Reino de Deus está próximo", não está mais distante

(Mc 1,15): estas são as primeiras palavras proferidas por Jesus no Evangelho segundo Marcos. Desde o princípio, Jesus anuncia Deus, sua presença (o reino), seu rosto; Ele o faz com palavras, com milagres, e, finalmente, o faz com a sua própria morte. Porque quando Jesus morre na cruz, Deus, apesar da invocação dramática de Jesus, não intervém; então, com o seu silêncio, Ele se revela. "A imagem do Deus de Jesus é revolucionária", escreve Van Oyen, "tão revolucionária que o evangelista não pode evitar mencionar como o próprio Jesus passa por um momento de crise" (a alusão é a suas últimas palavras: "Meu Deus, por que me abandonaste?" (Mc 15,34)). Não é a imagem de um *deus ex machina*, que intervém quando necessário; Ele não é a imagem de um Deus poderoso que humilha seus inimigos e salva – até no último momento – quem lhe é fiel. Doravante, "a imagem de um Deus poderoso se tornou ou – e continua sendo – uma imagem idólatra" (VAN OYEN, 2014: 128-129).

Marcos: um itinerário

Já é um fato sabido, ao menos teoricamente, que Marcos não é apenas um "amontoado de dados" (sejam estes teológicos ou históricos) sobre Jesus, uma mina a ser usada para reconstruir o caráter ou a mensagem de Cristo; o Evangelho segundo Marcos é uma narrativa. Por isso, é importante, tendo chegado ao seu final, uma visão de conjunto; só assim podemos perceber – como que olhando para uma paisagem de cima – as dinâmicas internas, as tensões que o evangelista coloca e dissolve em sua história. Podemos ver "como" Marcos narrou Jesus. Não se trata de sintetizar o centro do Evangelho em uma ideia, mas de olhar para o movimento, os esquemas, o propósito. Portanto, a questão importante é: se o centro de Marcos está no final com a morte na cruz, por que nosso evangelista não se contentou em trazer de volta o querigma, isto é, anunciar Cristo morto e ressuscitado por nós, como Paulo já havia feito em suas cartas? De que adianta o resto da história? O que realmente está em jogo, dito teoricamente, é o gênero literário: O que trouxe a invenção do gênero "evangelho" de volta ao panorama dos primeiros escritos cristãos?

Vamos começar com o dado óbvio, mas significativo: Marcos escreveu uma história. Não se trata simplesmente de um anúncio, que diz em poucas palavras quem é Jesus e depois nos convida a nos comportarmos de maneira consequente com esse anúncio (como o querigma de Paulo); mas também não se trata de uma reflexão calma e ordenada, como um típico manual sistemático de cristologia. A escrita de Marcos é uma história que tem em Jesus Cristo, o Filho de Deus, o personagem principal, mas não o único. Se o objetivo final é revelar quem é Jesus (e, consequentemente, quem é Deus), Marcos o faz narrando não apenas o que Ele disse e faz, mas também como suas palavras e ações foram recebidas por aqueles que o conheceram. Em outras palavras, o evangelista considera importante que seus destinatários não só saibam quem é Jesus, mas também conheçam as reações extremas das multidões (entusiastas do Evangelho, eventualmente inimigos) e a hostilidade muitas vezes desajeitada dos escribas e sacerdotes fariseus. De uma maneira muito especial, Marcos nos faz conhecer o grupo de discípulos, não por causa de sua simpatia pessoal, mas porque o próprio Jesus se concentrou neles: para anunciar o Reino de Deus, Ele imediatamente se cercou dos primeiros quatro (1,14-20), então expandiu o grupo e de página em página o formou. Em poucas palavras: o centro do Evangelho segundo Marcos, que é a morte de Jesus na cruz, está inserido em um itinerário/narrativa do qual recebe profundo significado.

A característica mais evidente desse modo de falar sobre Jesus é o que muitos percebem ao ler Marcos, mas depois têm dificuldade em definir com precisão. Para citar algumas opiniões, entre muitas: Segalla (1992: 126) fala de "Evangelho de epifanias enigmáticas"; Cipriani (2000) propõe uma "cristologia da admiração", enquanto Bourquin uma "teologia da fragilidade" (2005); Focant oscila entre "um evangelho atordoante" e "uma cristologia mística" (2006 e 2009). Essas e outras expressões sintéticas dizem que ao final do Evangelho as ideias são claras, mas o caminho para alcançar o objetivo é problemático; e, vale a pena notar, não é por uma espécie de incapacidade generalizada, mas por uma vontade precisa de Jesus: em todo o Evangelho Ele parece fugir de qualquer tentativa de definição e durante maior parte da narrativa não quer que as pessoas digam que Ele é o Messias. A narrativa de Marcos é desestabilizadora: tudo é centrado na identidade de Jesus, mas é precisamente nisso que nunca estamos seguros de nossas aquisições. Marguerat (2008: 15-21) percebe isso a partir das muitas mudanças geográficas dos primeiros capítulos fazem com que Jesus esteja sempre "alhures" em relação àqueles que tentam segui-lo; Bourquin (2005) sublinha isso ao falar da "obscura clareza da narrativa". "O mundo em que o Evangelho de Marcos introduz seus leitores é um mundo de conflitos e suspense, de enigmas e segredos, de questionamentos e reversões de evidências, de ironia e surpresa [...]. Essa história é um convite sutil para se livrar das evidências imediatas para entrar em um mundo novo, o mundo do Reino de Deus que acontece lá onde os primeiros são os últimos e onde aqueles que querem salvar suas vidas perdem-na" (FOCANT, 2015: 41).

No início do século XX, William Wrede desenvolveu uma teoria sobre o assunto, o chamado "segredo messiânico". Não nos deteremos agora para explorar suas potencialidades e limitações, convidando o leitor a usar as excelentes sínteses que podem ser encontradas, por exemplo, nos trabalhos de Segalla (1992: 160-162) e Vironda (2003: 44-58). Em suas conclusões, atualmente a teoria de Wrede não é mais compartilhada por ninguém, porque não se baseia em postulados prováveis, mas teve o mérito de trazer ao centro das atenções o mistério que envolve a cristologia de Marcos. Há dois lados em tal "segredo-mistério": um é que a cruz é necessária para entender a identidade de Jesus, por isso, até o calvário não há respostas seguras sobre o assunto; a outra é que, em qualquer caso, a pessoa de Jesus permanece um mistério, mesmo sob a cruz (como vimos). O evangelista percebeu e teve muito sucesso em transmitir – este aspecto de Jesus: sua fundamental irredutibilidade a categorias pré-empacotadas, por mais cheias de história e significados que o Messias Filho de Deus. É difícil dizer em poucas frases quem é Jesus: por isso Marcos escreveu um Evangelho inteiro.

Marcos nos narra então um Jesus sempre "alhures", um Reino de Deus em excesso, não óbvio em seu modo de se revelar (pensemos no silêncio da cruz!). Se essa primeira característica é fundamental, outra, contudo, não é menos importante: Marcos não apenas diz que Jesus nos salvou com a sua morte na cruz, mas também conta (com detalhes às vezes apenas seus) de quando Jesus está emocionado, entristecido, surpreso, irritado, de seus suspiros, gemidos, amores, de como implora a Deus para afastar a morte... Na história de Marcos abundam os traços humanos de Jesus: Ele não é apenas a causa da nossa salvação, mas também uma pessoa de verdade. Ele não disse "aprendei" aos primeiros discípulos, mas "segui-me"; de acordo com Marcos (que é baseado novamente em uma escolha precisa de Jesus), a coisa mais importante não é entender quem é Jesus, mas segui-lo! "O conhecimento de Jesus é fruto de uma evolução relacional", escreve Van Oyen (2014: 19). É por isso que todo o caminho é importante e não apenas o destino. Percebemos isso se verificarmos rapidamente o caminho dos discípulos; é uma parábola descendente: chamados, formados, fortalecidos, eles não o entendem e no final abandonam Jesus, mas a história não termina aí; o grupo renasce quando o anjo da ressurreição diz às mulheres: "Mas ide, dizei a seus discípulos e a Pedro que Ele vai adiante de vós para a Galileia" (16,7). Depois da ressurreição, tudo começa novamente onde começou, na Galileia, com Jesus na frente e os discípulos tentando novamente segui-lo. Eles ainda não entenderam completamente: paciência; o importante é que eles recomeçam a segui-lo. Marcos não é apenas a narrativização de uma ideia teológica; é o convite para encontrar uma pessoa real, o Filho de Deus, vivo porque ressuscitou dos mortos (16,1-8). E de fato o caminho continua mesmo depois da ressurreição.

Em conclusão, a narrativa de Marcos traça um itinerário; é um convite a seguir Jesus, como apontou Guida (2015: 503-504), Marcos

> escolheu anunciar Jesus *narrando* Jesus, narrando sobre sua vida, com experiências, encontros, gestos; as palavras, o acolhimento, a incompreensão; dificuldades, morte, ressurreição. Essa história, narrando apaixonadamente a extraordinária experiência de Jesus Cristo, o Filho de Deus, escandalizou, convenceu, colocou em crise seus destinatários (que podemos imaginar tanto como ouvintes quanto como leitores) e funcionou não apenas como apoio para a pregação, mas como experiência formativa real e estratégia mis-

tagógica: Marcos tentou nos fazer entrar no grande mistério do Reino de Deus e da pessoa singular e irrepetível de Jesus de Nazaré, fazendo-nos percorrer as estradas da Galileia para Jerusalém, em um aprendizado discipular compartilhado com multidões de homens, mulheres, crianças, marginalizados, poderosos.

O escrito de Marcos é apenas o "início do Evangelho de Jesus Cristo, Filho de Deus" (1,1); o fim da história, de fato, continua aberto: o anjo convida os discípulos para a Galileia, onde Jesus os espera, mas para saber se vão ou não, é preciso sair dos limites da narrativa (como fizeram alguns manuscritos). Em grego, a primeira palavra do Evangelho segundo Marcos é *arché*, que significa "começo" e "origem": a narrativa de Marcos é, portanto, o começo e a fundação. Para aqueles que o leem, ressoa como um convite para seguir Jesus ao longo do caminho traçado para os primeiros discípulos e percorrido por eles.

Mundo de Marcos

"Por trás de um estilo, esconde-se uma personalidade; por trás de uma língua, uma cultura. Por trás da musicalidade de uma página, revela-se a sensibilidade de uma pessoa que se expressa graças ao estilo e à linguagem. Se não há visão, personalidade e cultura, não há nem estilo nem linguagem" (MAZZONI, 2003: 185). A reflexão de Roberta Mazzoni diz respeito à literatura em geral, mas também se aplica aos Evangelhos; e é por isso que o primeiro passo que damos para conhecer o mundo de Marcos é observar de perto sua maneira de escrever. Algumas das notas que seguem são compreensíveis, mesmo para aqueles que leem o texto traduzido de Marcos, outras exigem uma leitura do original grego; em todo caso, detalhes sobre isso podem ser encontrados em todo comentário e introdução.

Para começar, poderíamos dizer em duas palavras que a narrativa de Marcos, entre os Evangelhos, é a mais vívida. Primeiramente, ele prefere episódios curtos e completos; encontramos alguns agrupamentos significativos (as controvérsias na Galileia, as parábolas, a paixão-morte-ressurreição), há uma linha de fundo que se ilumina de capítulo em capítulo; mas, para o restante, Marcos prossegue colocando os fatos um ao lado do outro. Dentro do mesmo episódio, então, ele prefere uma sintaxe simples, com frases frequentemente conectadas pela conjunção "e" (talvez um legado da língua semítica falada por Jesus). Comparado com os outros Evangelhos, Marcos usa um grego mais próximo da linguagem falada do que da literatura, pouco acurado gramaticalmente; em dezesseis curtos capítulos consegue reunir cerca de vinte anacolutos e mostra que não está à vontade com os tempos verbais: ele quase sempre escolhe o presente histórico, que dá ao seu estilo uma sensação de imediatismo, mas também um certo peso narrativo (acentuado pelas repetições contínuas da conjunção "e"). Ele usa um vocabulário muito limitado, no qual verbos comuns como "fazer", "ter", "querer" (mesmo que se torne preciso descrever coisas concretas, usando, p. ex., onze palavras diferentes para indicar partes da casa) retornam; algumas expressões são populares: por exemplo, "uma inscrição foi escrita" em 15,26; quando ele usa palavras aramaicas, geralmente as traduz e, mais do que os outros evangelistas, usa termos latinos transliterados para o grego. Menos hierático do que Mateus, menos preciso do que Lucas, Marcos destaca-se entre os demais pelo seu brilhantismo: deixa-nos saber mais sobre os sentimentos dos personagens e às vezes enriquece a história observando melhor os detalhes (enquanto o lago está revolto Jesus dorme "na popa em um travesseiro", 4,38) ou adicionando detalhes significativos (como o rapaz que foge nu depois da prisão de Jesus, 14,51-52).

Esses são alguns dados "internos" que emergem da leitura do texto. Vamos compará-los com o que é dito sobre Marcos de fora, isto é, com as atestações sobre ele. O texto mais famoso e citado com frequência é o de Papias, bispo de Hierápolis na Frígia, datável de 115 d.C.:

> Marcos, que foi o intérprete de Pedro, escreveu todas as coisas que ele havia dito ou feito pelo Senhor, por escrito, mas não em ordem. Nem ouvira o Senhor, nem o acompanhara, mas depois, como eu disse, ele acompanhou Pedro, que gradualmente transmitiu seus ensinamentos de acordo com a necessidade, mas não como se estivesse compondo uma síntese orgânica dos oráculos

do Senhor, de modo que Marcos não cometesse erro algum ao escrever algumas coisas assim como as redigiu. Na verdade, ele tinha apenas uma preocupação: a de não negligenciar nada que tivesse ouvido e de não falsificar nada (NORELLI, 2005, fr. 5.15).

A tradição, portanto, atribui o segundo Evangelho a uma pessoa chamada Marcos, um discípulo de Pedro; o dado põe em dúvida o que é relatado nos escritos do Novo Testamento, onde se fala de João Marcos, particularmente ligado à pessoa de Pedro: sua família o recebeu em casa na época das perseguições (At 12,12-17) e, depois de um período difícil de colaboração com Paulo, o próprio Marcos teria sido um colaborador próximo de Pedro (1Pd 5,13). Um último dado interessante é testemunhado por Irineu de Lyon e por Clemente de Alexandria, entre meados do século II e início do III: Marcos escreveu seu Evangelho para os cristãos de Roma, depois do martírio de Pedro.

Vamos, portanto, comparar esses dados externos com os internos que anteriormente citados: a conclusão mais óbvia é que a tradição sobre o autor do segundo Evangelho é fundamentalmente plausível. Como Marcos é um personagem de segunda categoria na Igreja nascente, não há motivos para pensar em pseudepigrafia (quando é realmente necessário atribuir um escrito a algum personagem, geralmente é escolhido alguém famoso). Além disso, o estilo confirma o fato de que Marcos – embora não esteja escrevendo para uma audiência pagã (cf. as muitas citações do Antigo Testamento) – se dirige a destinatários que não vivem na Terra Santa (no cap. 7 ele se sente compelido a explicar alguns usos dos judeus da Palestina); nativo dessas regiões, ele exporta como pode o Evangelho de Jesus de maneira que seja acessível a todo o mundo (Roma é a capital de um império no qual a língua mais falada é o grego). O estilo vivaz revela talvez uma proximidade com a pregação oral; a teologia ainda simples, um discurso escatológico que não parece conhecer a destruição de Jerusalém (o que será diferente para Mateus e Lucas), as referências às perseguições sofridas pelos discípulos: todos esses elementos sustentam que a redação remonte aos anos 60 (não entramos aqui no mérito de um possível fragmento de Marcos descoberto em Qumran, uma hipótese que é altamente improvável).

Infelizmente, nada mais sabemos sobre Marcos do que os poucos dados relatados acima. Eles nos permitem apenas formular hipóteses vagas. Mas, no fim das contas, isso também está em harmonia com o seu Evangelho: tanto a escrita quanto o autor escapam de definições fáceis e, especialmente, desviam a atenção de si para catalisar tudo sobre quem deve seguir, Jesus.

2

Evangelho segundo Mateus

Depois de ler Marcos, vamos dar um passo atrás para passar a Mateus. Desde os primeiros séculos tem sido muito apreciado, lido, comentado; hoje em dia encanta um pouco menos, pelos mesmos motivos que foi apreciado na Antiguidade: é muito preciso, esquemático e muitas vezes dogmático. Em suma, dá a ideia de ser "completo". Ao lê-lo, perceberemos que a impressão, como muitas vezes acontece, não é inteiramente correta; mas antes de começar, vale a pena insistir em duas anotações que servem como premissas.

Premissa

Já à primeira vista, o Evangelho segundo Mateus parece diferente se comparado com o Evangelho segundo Marcos: é inquestionavelmente mais longo (28 capítulos *versus* 16) e decididamente mais ordenado, ou talvez seja melhor dizer organizado. Mais especificamente, Marcos seguiu amplamente uma ordem cronológica e geográfica, de modo que as palavras e os fatos de Jesus estão misturados; Mateus manteve essa mesma ordem (Galileia, viagem Norte-Sul, Jerusalém), mas também escolheu reunir muitos dos ensinamentos de Jesus em cinco grandes discursos: o discurso da montanha (cap. 5-7), o discurso missionário (cap. 10), discurso em parábolas (cap. 13), discurso eclesial (cap. 18), discurso escatológico (cap. 24-25). Os cinco discursos são reconhecíveis não apenas pela extensão (outras partes discursivas não são tão dilatadas), mas também porque todas terminam com uma frase muito semelhante e a última parece encerrar a série:

- "E aconteceu que, quando Jesus terminou essas palavras..." (7,28).

- "E aconteceu que, quando Jesus terminou de instruir seus doze discípulos..." (11,1).

- "E aconteceu que, quando Jesus terminou essas parábolas..." (13,53).

- "E aconteceu que, quando Jesus terminou essas palavras..." (19,1).

- "E aconteceu que, quando Jesus terminou *todas* essas palavras..." (26,1).

Um primeiro modo com que Mateus, ao contrário de Marcos, confere certa ordem à sua narrativa se constitui, portanto, dos cinco grandes discursos que entrelaçam a narração. Uma segunda característica vem do uso muito mais intenso e elaborado de alguns procedimentos estilísticos, típicos da prática retórica e/ou da didática rabínica. Voltaremos a esse aspecto depois de completar a leitura do Evangelho; por ora, tudo o que precisamos é uma advertência: lendo Mateus, encontraremos elementos heterogêneos mantidos juntos por um lembrete lexical (palavra-gancho), repetições de palavras ou frases iguais/semelhantes no início e no final de uma passagem ou seção (inclusão), justaposição de duas frases ou grupos de sentenças paralelas (paralelismo), repetição de palavras fixas ou fórmulas, agrupamentos (de sentenças ou mesmo de passagens) baseados em três, sete, oito etc. Tudo isso não tem por objetivo evidenciar a erudição do evangelista, mas a ajudar o leitor/ouvinte, oferecendo pontos de referência que podem facilitar a compreensão e a memorização. Toda a narrativa, por exemplo, é contida ou emoldurada por uma grande inclusão:

- "Eis que a virgem conceberá e dará à luz um filho, e Ele será chamado pelo nome de Emanuel (que quer dizer: Deus *conosco*)" (1,23).

- "E eis que estou *convosco* todos os dias até à consumação do mundo" (28,20).

O Evangelho, portanto, começa por anunciar que o nascituro, Jesus, será Deus *conosco*; e termina com o mesmo Jesus, agora ressuscitado, que promete estar sempre *com os discípulos*. Talvez o que existe entre os dois extremos da inclusão nos indique o significado dessa expressão, o significado do ser "conosco" de Deus e de Jesus, mas só poderemos sabê-lo ao ler a história contada por Mateus.

A abertura do Evangelho (1,1–4,22)

Ao contrário de Marcos, não há muita concordância entre os estudiosos sobre como o Evangelho é estruturado. Todos reconhecem um número mais ou menos consistente dos sinais linguístico-didáticos apresentados acima, assim como todos veem os cinco grandes discursos (no mínimo, há quem prefira situar o início do último discurso no cap. 23 no lugar do 24); mas não há acordo sobre como manter unido todo o conjunto (cf. as muitas propostas revisadas por DE CARLO, 2016: 75-108; cf. tb. MICHELINI, 2007). Por um lado, há a dimensão subjetiva, para a qual diferentes autores sublinham diferentes elementos; por outro lado, há o fato de que, na verdade, as várias partes da narração se cruzam: os capítulos 8-9, por exemplo, estão relacionados tanto aos capítulos 5-7 quanto ao capítulo 10. Mais do que os detalhes da estrutura, será, portanto, interessante procurar alguns pontos de referência textuais, que nos permitam apreender a progressão da narração, já que Mateus é fundamentalmente uma narrativa, como Marcos.

Para termos alguns pontos de referência, tomemos como base, ainda que com ligeiras modificações, a estrutura proposta por Segalla (1992: 45-68; às p. 42-45, encontra-se uma visão geral de outras propostas) que tem o mérito de ser baseada em elementos literários. Após o início do Evangelho (cap. 1-4), ele propõe ligar cada parte discursiva à narração seguinte, com exceção do discurso escatológico: os capítulos 5-9 formam a primeira seção, que começa com o discurso da montanha; os capítulos 10-12, a segunda seção, discurso missionário; os capítulos 13-17, a terceira seção, discurso em parábolas; os capítulos 18-20, a quarta seção, discurso eclesial; os capítulos 21-25, a quinta seção, que termina com o discurso escatológico; os capítulos 26-28, conclusão do Evangelho. Vamos ler cada seção, uma após a outra, como fizemos com Marcos, explorando o conteúdo e, acima de tudo, nos perguntando qual é o enredo narrativo, a dinâmica que move a narrativa de Mateus: narrando dessa maneira a história de Jesus, para onde ele quer levar seus leitores?

Tendo lido Marcos, é imediatamente evidente que o início de Mateus não é absolutamente igual: não tem título e não começa com João Batista. Primeiro, Mateus dedica dois capítulos aos fatos da infância: a genealogia, o anúncio do anjo a José e o nascimento de Jesus, a adoração dos magos, a fuga para o Egito, o massacre dos inocentes, o retorno da sagrada família do Egito e a vida em Nazaré. Reinsere-se à trama de Marcos com os capítulos 3-4, nos quais relata a pregação de João, o batismo, as tentações e o início do ministério público de Jesus. À primeira vista, há pelo menos duas razões válidas para dividir esses quatro capítulos em duas partes; a primeira é bastante óbvia e diz respeito ao conteúdo: com o capítulo 3, damos um passo à frente por vários anos e, deixando Jesus que era uma criança, o reencontramos já adulto e não mais amarrado à família de origem. A segunda razão é menos evidente, mas igualmente forte: os primeiros capítulos de Mateus são caracterizados pela presença maciça das chamadas "citações de cumprimento": são citações explícitas de textos do Antigo Testamento com os quais o evangelista declara que uma ou outra história de Jesus é a realização das expectativas/profecias do Antigo Testamento; são chamadas citações de "cumprimento" porque nelas Mateus sempre usa o verbo "cumprir/realizar": "Isso aconteceu para que se cumprisse a palavra do profeta..." Nos dois primeiros capítulos há quatro citações desse tipo, tão frequentes que quase perturbam o fluxo da narração; nos capítulos 3-4 há apenas uma: 4,15-16.

Não obstante esses elementos indubitáveis, há várias outras razões, e mais importantes, que nos levam a manter unidos os primeiros quatro capítulos de Mateus, que, no seu todo, são apresentados como uma "abertura" de todo o Evangelho. Trata-se essencialmente de um elemento conteudístico e de um narrativo, aos quais deve ser acrescentado, como apêndice, que de um ponto de vista formal, o início do capítulo 3 está ligado sem interrupção ao final do anterior, pois começa por dizer: "Naqueles dias..." (3,1).

Começamos a análise considerando o aspecto conteudístico: há dois temas cristológicos (que são duas maneiras de definir Jesus) que inervam esses quatro primeiros capítulos e depois serão retomados amplamente durante todo o Evangelho. O primeiro: o Evangelho começa chamando Jesus "filho de Davi, filho de Abraão" (1,1); se chamá-lo filho de Davi faz dele um candidato a messias, chamá-lo filho de Abraão significa enfatizar sua pertença ao povo de Israel. Esse é um elemento que transparecerá continuamente em todo o Evangelho e sobre o qual nos deteremos ao final: O Jesus de Mateus é muito mais "judaico" do que o descrito por Marcos e Lucas, especialmente no que diz respeito aos seus ensinamentos. Ora, esse tema não está presente apenas no primeiro versículo, mas também é perceptível nos quatro capítulos iniciais. Permanecendo nos capítulos 1 e 2: a genealogia enfatiza de maneira jurídica (segundo os cânones do tempo) o judaísmo de Jesus e as quatro citações de cumprimento completam o quadro. Mas nesse panorama não se desfiguram nem mesmo algumas cenas dos capítulos 3-4, que Mateus ampliou se comparadas à versão de Marcos: a pregação de João Batista e o fato de ele inicialmente se recusar a batizar Jesus (diz que reconhece nele a realização de suas profecias), bem como a narrativa das tentações tão rica em citações bíblicas, terminando com a citação de Isaías em 4,15-16; todos esses episódios concorrem para sublinhar o judaísmo de Jesus.

Um segundo tema é o de Jesus como "Filho de Deus". Jesus é indiretamente chamado por esse título no capítulo 2, quando Mateus relata a fuga para o Egito e comenta o fato, acrescentando que isso aconteceu "para que se cumprisse o que fora dito pelo Senhor, por intermédio do profeta: Do Egito chamei o meu Filho" (2,15). Ainda indiretamente Ele será reconhecido como o Filho de Deus, no capítulo 4, pelo diabo, que inicia as duas primeiras tentações com a frase: "Se és o Filho de Deus..." (4,3.6). Mas ainda mais importante é a narrativa do batismo, na qual o próprio Deus diz explicitamente de Jesus: "Este é o meu Filho amado, em quem me comprazo" (3,17). A própria voz de Deus confirma o que foi mencionado por outras fontes (note-se novamente: nos cap. 1-2 e 3-4): Jesus não é apenas um membro do seu povo, Israel; Ele está com Deus em um relacionamento particular, único e predileto. Isso ficará evidente quando for confrontado com a Lei de Deus: Ele não é apenas alguém que a põe em prática, mas alguém que a leva a plenitude; colocar-se-á no mesmo nível de Deus: "Ouvistes que foi dito aos antigos [Deus disse] – Eu, porém, vos digo" (5,21-48). Um acréscimo sobre isso pode ser o nome de Emanuel, que significa "Deus conosco" (1,23): Jesus não é apenas um profeta, enviado por Deus, é o próprio Deus, presente na sua comunidade e na história do mundo.

Os primeiros quatro capítulos de Mateus aparecem, portanto, como um todo, pois são perpassados por esses dois temas cristológicos, igualmente distribuídos no texto. O segundo elemento de unidade, que caracteriza o início do Evangelho, é a dinâmica da rejeição-recepção que imediatamente distingue a experiência de Jesus: a passagem mais significativa é, sem dúvida, a dos magos (2,1-12). Nascido o Messias, há muito esperado e invocado por Israel, e eis que as pessoas mais representativas do povo escolhido (reis, sumo sacerdotes, escribas, Jerusalém) nem sequer o notam e, quando tomam conhecimento do ocorrido, farão de tudo para matá-lo. Por outro lado, os magos, expoentes da sabedoria oriental, pagãos, desconhecedores das Sagradas Escrituras (seu guia não são as profecias de Isaías, mas as estrelas do céu), entendem que o Messias nasceu: eles o procuram e o adoram. Diante de Jesus, portanto, imediatamente dois lados: aqueles que o rejeitam e aqueles que o acolhem, e paradoxalmente são os mais distantes e despreparados que o recebem, enquanto os mais próximos o rejeitam. À luz desse episódio, podemos encontrar em Mt 1–4 outros elementos que vão na mesma direção. Dentro da genealogia, por exemplo, quatro mulheres são nomeadas. Isso por si só já é estranho, mas assume os contornos excepcionais se considerarmos que não são judias: Tamar era arameia; Racab, cananeia; Rute, moabita; Betsabea, hitita (por adoção: em 1,6 é chamada de "esposa de Urias", que era hitita). Assim, na genealogia de Jesus podemos ver a presença de pagãos estrangeiros como que preparando a vinda dos magos. Quando Jesus já adulto inicia sua atividade na Galileia, Mateus força um pouco a situação de maneira a apresentá-lo como se estivesse em um território pagão: ele diz que Jesus foi para o território de Zebulom e Naftali (dois distritos da Galileia que se encontram em Cafarnaum e Nazaré) e acrescenta uma citação do Profeta Isaías: "Terra de Zebulom, terra de Naftali, caminho do mar, além do Jordão, Galileia dos gentios!" (4,15). A região da Galileia na época de Jesus certamente não era habitada apenas por pagãos ("os gentios"), embora em relação à Judeia sua presença fosse muito alta (basta pensar nas cidades de Séforis e Tiberíades, dois enormes centros completamente pagãos). Mateus se detém um pouco sobre este elemento a fim de apresentar, desde o início de sua atividade pública, um Jesus que não exclui os pagãos, mas que ainda vai morar entre eles.

Em conclusão, Mateus começou seu Evangelho nos contando sobre a infância de Jesus e depois sobre o início de sua atividade pública, a fim de nos dar um retrato direcionado de seu caráter: Ele pertence ao povo de Israel, é o Messias, e ainda mais, é o Filho de Deus (como não notar enormes semelhanças com Mc 1,1?); todavia, seu próprio povo não o reconhece e, desde o início, sua esfera de ação não está apenas entre os eleitos, mas também entre os pagãos. Além disso, quanto aos títulos cristológicos, também para a dinâmica da rejeição-aceitação, o que acontece no início será repetido até o final do Evangelho. Mt 1–4 é, desse ponto de vista, a abertura do Evangelho do qual já antecipa o movimento.

Primeira seção: uma palavra de felicidade e uma ação que cura (4,23–9,35)

A primeira grande seção do Evangelho se mantém unida por uma inclusão:

• "Jesus percorria toda a Galileia, ensinando nas sinagogas, pregando o Evangelho do reino e curando toda sorte de doenças e enfermidades entre o povo" (4,23).

• "E percorria Jesus todas as cidades e povoados, ensinando nas sinagogas, pregando o Evangelho do reino e curando toda sorte de doenças e enfermidades" (9,35).

Assim emoldurados, os capítulos 5-9 de um lado retomam o ensinamento de Jesus, resumido pelo discurso da montanha (por sua vez, delimitado pela palavra "ensinar"/"ensinamento": 5,2 e 7,28); por outro, narram muitos milagres, não por acaso, dividindo-os em três grupos de três, como veremos, para indicar a totalidade da ação curativa. Com seu estilo bastante esquemático, Mateus primeiro relata todos os ensinamentos (cap. 5-7) e depois todos os milagres (cap. 8-9): é um expediente com o qual ele claramente apresenta um Jesus poderoso em palavras e ações.

Seguindo a ordem desejada por Mateus, vamos primeiro ver o ensinamento. O discurso da montanha, dentre os cinco, é provavelmente o mais estudado e aquele em que ainda comporta o maior número de dúvidas; não é fácil decifrá-lo detalhadamente. Felizmente, nesse contexto, não temos o ônus de nos confrontar com esses detalhes e podemos nos contentar com três elementos principais que nos permitem compreender melhor o todo.

Primeiramente, o início solene, prenhe de significado: "Vendo Jesus as multidões, subiu ao monte, e, como se assentasse, aproximaram-se os seus discípulos; e Ele passou a ensiná-los, dizendo..." (5,1-2). Assim, em dois compassos, Mateus nos fala dos destinatários e do teor do primeiro grande ensinamento de Jesus: no princípio, as grandes multidões pareceriam excluídas, como se Jesus estivesse subindo a montanha para se afastar delas e ficar com os discípulos; mas, no final do discurso, saberemos que sem dúvida eles participaram: "quando Jesus acabou de proferir estas palavras, estavam as multidões maravilhadas do seu ensinamento" (7,28). Tenhamos em mente: o discurso de Jesus é dirigido a todos, não a alguns iniciados; as multidões de fato vêm "da Galileia, da Decápole, de Jerusalém, da Judeia e do além do Jordão" (4,25), portanto até mesmo dos territórios pagãos fora de Israel. Todos são os destinatários desse primeiro grande discurso. Por que então subir a montanha senão para fugir das pessoas comuns? Poderíamos imaginar um professor tentando ser mais visível e audível para o vasto público, mas talvez seja melhor lembrar que a expressão "subiu a montanha" retorna três vezes no Livro do Êxodo, nos capítulos que contam a revelação de Deus a Moisés no Monte Sinai/Horeb (Ex 19,3; 24,18; 34,4). Moisés sobe a montanha e Deus lhe fala com palavras que são para todo o povo; também Jesus sobe a montanha, mas não para receber uma revelação de Deus: da montanha, é Ele próprio que fala ao povo reunido! Um detalhe com o qual o evangelista sugere que as palavras de Jesus terão o tom da revelação divina: Ele, como Deus, revelará sua Lei sobre a montanha.

Este foi um primeiro ponto importante: o discurso sobre a montanha não é uma catequese para os discípulos, mas uma revelação divina, feita por Jesus para todos os que a querem acolher.

Sobre o que trata? O começo do discurso é o famoso texto das bem-aventuranças: "Bem-aventurados os pobres em espírito, porque deles é o Reino dos Céus; bem-aventurados os que choram, porque serão consolados..." (5,3-10). É significativo: Jesus começa seu ensinamento não com um imperativo, mas com uma declaração (o verbo implícito é indicativo: "*são* bem-aventurados"). O restante do discurso será um conjunto de regras e preceitos, até bastante exigente; mas o começo é uma declaração de felicidade: Eu vos digo que todos aqueles que se enquadram nestas categorias (pobres em espírito, aflitos, míticos...) são bem-aventurados, isto é, felizes. De que maneira? Dito trivialmente: confiando em Deus. Jesus não promete uma vida sem "dor no corpo ou perturbação da alma", segundo o ideal de Epicuro (*Carta a Meneceu*, 131), mas afirma firmemente, repetindo oito vezes, que quem confia em Deus conseguirá viver em paz, apesar da dor do corpo e da perturbação da alma. Deus é uma fonte inesgotável de vida e felicidade: Confiai nele, diz Jesus, e sempre sereis bem-aventurados.

Jesus, portanto, propõe a todos um discurso sobre a felicidade. Por que então preenchê-lo com regras e preceitos? Esse é justamente o terceiro ponto que gostaríamos de destacar, que deve ser abordado considerando a articulação do discurso. Em 5,17, encontramos uma declaração de princípio que serve como chave hermenêutica para toda a sequência; Jesus diz: "Não penseis que vim revogar a Lei ou os Profetas; não vim para revogar, vim para cumprir". A expressão "Lei e/ou Profetas" indica toda a revelação de Deus atestada no Antigo Testamento; Jesus diz: Eu não vim para abolir a economia salvífica, mas para completá-la. Mas o que isso quer dizer? A proposta é articulada desta forma: em primeiro lugar, por meio das seis chamadas "antíteses" (5,21-48), Jesus se confronta com os mandamentos de Deus; então Ele se expressa a respeito das três obras de piedade típicas da sabedoria de Israel (jejum, oração, esmola: 6,1-18); finalmente Ele propõe uma série interminável de pequenos preceitos, sobre os mais variados aspectos da vida cotidiana (6,19–7,12). Jesus propõe uma "justiça" sua, ou seja, como se comportar para obedecer a vontade de Deus quanto ao relacionamento com o próximo, com o próprio Deus e com as coisas. Em sua proposta, Ele às vezes reitera o mundo bíblico judaico, às vezes o radicaliza, às vezes o substitui completamente. Nesse sentido, articulado, Ele não veio para abolir, mas simplesmente para colocar em prática: Ele quer levar ao cumprimento, conferir plenitude.

Voltemos agora à questão formulada no início do parágrafo anterior: Por que tantos preceitos se a felicidade é o objetivo? Porque os preceitos têm uma tarefa precisa, evidenciada no Pai-nosso (que, não por acaso, como muitos notam, ocupa o centro do discurso): ajudar os que os observam a orientar completamente suas vidas em Deus. Se Ele é a fonte da felicidade, a vida precisa ser completa e exclusivamente apoiada por Ele; se se quer superar as tempestades com integridade, a casa deve ser construída sobre a rocha.

O primeiro grande ensinamento de Jesus é, portanto, um discurso de fé, mas daquela fé que é vista não tanto em conhecer o credo de cor quanto na prática cotidiana. Existem imperativos tão difíceis de colocar em prática que muitas vezes as pessoas imaginam ao longo da história: Mas é realmente obrigatório observá-los? Talvez não sejam para todos, mas apenas para alguns... A leitura que fizemos do discurso da montanha diz claramente que ele é dirigido a todos, não só aos colaboradores mais próximos de Jesus, mas, por outro lado, é verdade que é um discurso desafiador, mas devemos ter cuidado com o todo e não parar no comando único: globalmente não são os sete trabalhos de Hércules, que o herói solitário deve enfrentar como prova (inútil) procurado pelos deuses. Essa é uma oferta de felicidade que Jesus endereça a todos, mas uma oferta que requer uma reorganização da vida, para orientá-la completamente em Deus. É claro que é difícil e, ainda, as apostas são altas.

Passemos agora para a segunda parte da seção, os capítulos 8-9: concluído o grande discurso, Mateus recolhe dez milagres de Jesus, divididos em três grupos de três; chegamos a dez e não a nove porque o último terceiro é duplo, no sentido de que a mesma história contém dois milagres: a cura da hemorroíssa e a ressurreição da filha do notável. O número 3+3+3 nos oferece a oportunidade de reflexão: graças à comparação com os outros Evangelhos, podemos dizer que Mateus retrabalhou os fatos para apresentar uma série de milagres que, na realidade, ocorreram em momentos diferentes e provavelmente não seriam tão próximos um do outro. Até agora estamos acostumados a esse modo de escrever, típico dos Evangelhos e não só; apresentando-nos um grupo "perfeito" de milagres, Mateus quer que infundamos esse sentimento de plenitude que ele afirma com as palavras de 4,23 e 9,35 (ainda se acrescente 8,16): Jesus sana e cura toda doença e enfermidade. Não há mal que escape à sua ação benéfica. E nisso se revela o Reino de Deus que Jesus veio anunciar: "Arrependei-vos, porque está próximo o Reino dos Céus" (4,17). Boscolo (2008a: 11) escreve sobre isso:

> Os milagres são, portanto, sinais concretos de que o derradeiro e definitivo senhorio de Deus irrompeu no mundo [...]. Revelam a grandeza do amor de Deus pelo homem: um amor absoluto, radical e definitivo. Os milagres revelam principalmente que Deus é mais forte do que o homem: Ele pode restaurar a saúde do corpo e da alma, domina a natureza e a própria morte; os milagres revelam finalmente que Jesus é o único que está no centro dessa gigantesca obra de salvação, são como tantas brechas que de alguma forma manifestam o mistério de Cristo.

Os milagres são, portanto, um modo concreto com o qual Jesus é Deus conosco, conforme o que foi predito pelo Profeta Isaías (1,23). E, no entanto, entre as reações aos milagres de Jesus não há apenas o entusiasmo. Prosseguimos calmamente e notamos, em primeiro lugar, nos dois intervalos que nos permitem distinguir os três grupos de milagres (8,18-22 e 9,9-17). Entre o primeiro e o segundo grupo há uma citação de cumprimento e um diálogo de Jesus com dois daqueles que desejam ser seus discípulos, mas Jesus parece desencorajá-los, ou melhor, coloca diante deles toda a dificuldade do empreendimento; entre o segundo e o terceiro grupo há outra ruptura, e Jesus chama Mateus para ser seu discípulo e depois discute com os fariseus e discípulos de João Batista sobre sua praxe um tanto anômala (Ele festeja com pecadores e não propõe a seus discípulos a prática do jejum). Esses dois intervalos são importantes porque oferecem uma chave para entender o que está acontecendo: Jesus é como o servo de Javé, de quem fala

Isaías: "Ele mesmo tomou as nossas enfermidades e carregou com as nossas doenças" (Mt 8,17); e, ainda, não tem vida fácil: àqueles que querem segui-lo Ele o diz claramente, e mesmo quando faz coisas "populares" (come e bebe), não é bem recebido. Esses dois intervalos também são importantes porque revelam a figura dos discípulos, que, como personagem coletivo, serão cada vez mais centrais para a trama de Mateus.

A partir dessa perspectiva, que poderíamos definir "avaliativa" (pois se discute o valor, o significado do que Jesus está fazendo), notamos um *crescendo*. Os três primeiros milagres, de fato, são tão somente narrados e nada mais; no segundo grupo, ao contrário, Mateus conclui cada história com um versículo dedicado às diferentes maneiras pelas quais as pessoas reagem aos prodígios de Jesus; o último grupo de milagres é tão desequilibrado na interpretação que para narrar a cura do endemoninhado requer menos do que um versículo, enquanto mais do que o dobro é dedicado à reação oposta dos espectadores. Mateus escreve: "E, expelido o demônio, falou o mudo; e as multidões se admiravam, dizendo: Jamais se viu tal coisa em Israel! Mas os fariseus murmuravam: Pelo maioral dos demônios é que expele os demônios" (9,33-34).

Esses versículos nos oferecem a oportunidade de retomar sinteticamente todo o percurso que Mateus nos fez percorrer através dos capítulos 5-9 do seu Evangelho. Ele nos contou sobre um Jesus que veio trazer uma palavra de felicidade, no sentido de que Ele propôs uma maneira concreta de enfrentar pacificamente a qualquer tempestade. Aliás: Ele veio para curar todo tipo de doença e enfermidade, com uma ação que sana a todos. É assim que Ele realiza o seu anúncio: o Reino de Deus está próximo, Deus está convosco; não com a ameaça, como João Batista, mas com palavras e ações que fazem experimentar a presença de Deus. E a dinâmica narrativa já encontrada nos primeiros capítulos retorna: diante desse Jesus há reações opostas; sua palavra/ação de bondade é incrivelmente grande, Ele é verdadeiramente Deus conosco, mas nem todo mundo se alegra com isso.

Notar-se-á que, apesar das muitas diferenças na formulação, até agora o itinerário de Mateus é muito semelhante ao de Marcos, mas a partir do capítulo 10 tomará um desvio significativo.

Segunda seção: os doze discípulos com e como Jesus (9,36–12,50)

O segundo grande discurso de Jesus em Mateus ocupa todo o capítulo 10 e é geralmente chamado de "missionário" ou "apostólico", dependendo da preferência dada ao verbo latino *mittere* ou ao grego *apostéllo*, que em português quer dizer "mandar"/"enviar". Esse capítulo recebe tal nome por conter as indicações de Jesus aos seus doze apóstolos antes de enviá-los: "A estes doze enviou Jesus, dando-lhes as seguintes instruções..." (10,5).

Ao contrário do discurso da montanha, isso, portanto, não é para todos, mas apenas para os doze apóstolos: é uma primeira característica que não deve ser negligenciada. Se expandirmos as palavras de Jesus para a introdução narrativa constituída pelos últimos versículos do capítulo anterior e pelos primeiros do capítulo 10 (9,36–10,5a), temos uma ideia mais clara da situação. Deixando de lado a subdivisão em capítulos (que, como se sabe, não é encontrada em manuscritos antigos, mas foi introduzida apenas em 1228) e traduzindo de maneira mais literal, aqui está a imagem que emerge: "Vendo [Jesus] as multidões, compadeceu-se delas, porque estavam aflitas e exaustas como ovelhas que não têm pastor. E, então, se dirigiu a seus discípulos: A messe é grande, mas os trabalhadores são poucos! Rogai, pois, ao Senhor da messe que mande trabalhadores para a sua messe. Tendo chamado os seus doze discípulos, deu-lhes autoridade sobre espíritos imundos para os expulsar e para curar toda sorte de doença e enfermidade" (9,36–10,1). Nos capítulos 8-9 Mateus pintou-nos um Jesus que faz um pente-fino em todas as aldeias sanando as pessoas de todas as doenças; contudo, sua atividade não é suficiente: Ele próprio percebe que o trabalho é demais para uma pessoa, e então pede a seus discípulos que orem e desses escolhe doze para ajudá-lo.

Os Doze, segundo as poucas notícias fornecidas pelo elenco dos versículos 2-4 e pela escassa coleta que fazemos percorrendo todo o Evangelho, são um grupo muito heterogêneo: alguns pescadores, um funcionário do fisco, um zelote, a maioria deles ilustres desconhecidos e até um que mais tarde será o traidor. O que os mantém unidos é o fato de terem recebido a mesma tarefa de Jesus: continuar sua ação salvadora. O resumo de 9,36, que agora encontramos várias vezes, retrata Jesus que "percorria todas as cidades e povoados [...] curando toda sorte de doenças e enfermidades"; agora a mesma tarefa é dada aos doze apóstolos: Jesus "deu-lhes o poder sobre espíritos imundos [...] para curar toda sorte de doença e enfermidade" (10,1). Iguais.

> Se folhearmos o resto do Evangelho segundo Mateus, outras vezes encontraremos Jesus que se comove diante de um determinado povo e imediatamente faz alguma coisa para remediar: Ele cura os doentes (14,14), multiplica os pães (15,32), dá vista aos cegos (20,34). Dessa vez Ele age de maneira diferente: não faz nada, mas pergunta aos discípulos; Ele pede a todos que orem, que alguém vá e mantenha sua obra de salvação. Jesus não é um herói solitário, mas se cerca de uma comunidade que o apoia em sua ação de salvação; Mateus, mais do que todos os evangelistas, enfatiza isso e, assim, lança as bases para suas reflexões sobre a Igreja (BROCCARDO, 2008: 27).

Detivemo-nos bastante sobre a introdução, que destacou uma primeira característica do discurso: é dirigido apenas aos apóstolos, a quem Jesus pede que continuem seu trabalho. Voltemo-nos agora ao discurso propriamente dito. Ao lê-lo, notaremos que é desproporcional: uma primeira breve parte é constituída pelas instruções práticas de Jesus aos Doze (vers. 5b-15: destinatários claros, programa, estilo e método); todo o resto se concentra em um aspecto particular da missão para a qual os Doze são enviados: é difícil e perigosa (vers. 16-42). Basta pensar na imagem com a qual a reflexão se abre: "Eis que eu vos envio como ovelhas para o meio de lobos" (vers. 16)! A missão não será tranquila, mas um caminho repleto de obstáculos e dificuldades, que em algumas situações podem se tornar dramáticas e trágicas: "Um irmão entregará à morte outro irmão, e o pai, ao filho; filhos haverá que se levantarão contra os progenitores e os matarão. Sereis odiados de todos por causa do meu nome; aquele, porém, que perseverar até ao fim, esse será salvo" (vers. 21-22). A perseguição e a morte não são, portanto, acidentes, eventos imprevistos que podem perturbar a paz esperada; são algo que deve ser planejado desde o começo. Mas eles não devem tirar a paz de fundo que acompanha os missionários do Evangelho: Deus garante proteção e salvação. "Não vos preocupeis", diz Jesus (vers. 19); é um verbo usado várias vezes já no discurso da montanha, um verbo que expressa a serena confiança daqueles que sustentam sua vida somente em Deus e recebem dele a segurança de uma rocha eterna.

Portanto, Jesus pede aos Doze que continuem seu trabalho, mas adverte-os que isso não é um privilégio: trata-se antes de considerar a rejeição e o perigo. Esta segunda característica do discurso está em harmonia com a primeira, no sentido de que mesmo Jesus foi e será rejeitado por aqueles a quem Ele dirige sua palavra/ação salvífica, em constante perigo de morte. Em poucas palavras, ao reunir os dois tópicos da discussão destacados acima, podemos resumi-lo da seguinte maneira: o comportamento exigido dos Doze e o destino que os espera são precisamente os mesmos de Jesus! Vamos recapitular o que se refere aos apóstolos, ampliando a comparação com o que já foi ou será dito mais tarde por Jesus: eles têm a tarefa de curar toda doença e enfermidade (10,1 como Jesus em 9,35); eles são enviados apenas "para as ovelhas perdidas da casa de Israel" (10,6 como 15,24); eles devem anunciar o reino e realizar curas (10,7-8a como Jesus em muitas ocasiões); eles devem viver em extrema pobreza (10,8b-10 como Jesus que "não tem onde reclinar a cabeça" em 8,20); eles serão levados perante tribunais e sinagogas, isto é, autoridade pagã e judaica (10,17 como Jesus, que passará pelas mãos do conselho primeiro e depois do procurador romano). Mesma ação salvífica, portanto; mesma rejeição, mesmo perigo de morte. À luz dessas considerações, a chave para entender todo o discurso está nas palavras ditas por Jesus nos versículos 24-25: "O discípulo não está acima do seu mestre, nem o servo, acima do seu senhor. Basta ao discípulo ser como o seu mestre, e ao servo, como o seu senhor. Se chamaram belzebu ao dono da casa, quanto mais aos seus domésticos?" Isto é o que pede Jesus aos seus apóstolos: que continuem sua obra e sua presença. É um tema que será caro a Lucas nos Atos, mas que Mateus já esboçou aqui.

Concluído o discurso com o refrão habitual, os capítulos 11 e 12, estranhamente, não narram a missão dos doze apóstolos: mais do que a sua realização, Mateus queria nos fazer conhecer o projeto de Jesus para os doze apóstolos. Dito isso, ele volta a narrar os episódios sobre a vida do mestre, reamarrando-se ao capítulo 9: ainda estamos na Galileia, onde Jesus continua realizando milagres e onde a aversão a Ele cresce dramaticamente.

É precisamente nesta passagem que Mateus se distancia de Marcos. Na verdade, ele já havia sublinhado desde o capítulo 3 que um grupo de inimigos queria matar Jesus, mas toda a multidão estava entusiasticamente a seu favor; Mateus coloca todos do mesmo lado, sem distinção, líderes e multidões. Por três vezes nos capítulos 11-12 retorna a expressão "esta geração", que indica todos os ouvintes de Jesus; e em todas as três ocorrências não se trata de elogios, mas de duras críticas. "Mas a quem hei de comparar esta geração? É semelhante a meninos que, sentados nas praças, gritam aos companheiros: 'Nós vos tocamos flauta, e não dançastes; entoamos lamentações, e não pranteastes'. Pois veio João, que não comia nem bebia, e dizem: 'Tem demônio!' Veio o Filho do Homem, que come e bebe, e dizem: 'Eis aí um glutão e bebedor de vinho, amigo de publicanos e pecadores!' Mas a sabedoria é justificada por suas obras" (11,16-19). Esse é o primeiro texto: Jesus reclama porque seus contemporâneos os conterrâneos nunca estão satisfeitos, e quando alguns escribas e fariseus pedem um sinal, Ele responde envolvendo todos: "Uma geração má e adúltera pede um sinal!" (12,39). Malvados e adúlteros: isso não é bem um elogio, mas se repete quando Jesus fala do espírito imundo que pede ajuda a outras legiões de espíritos malignos para tomar posse da pessoa que tinha conseguido expulsá-lo, com o acréscimo de que "assim também acontecerá a esta geração perversa" (12,45). "A impressão dominante dessa seção é de um movimento minoritário que enfrenta uma sociedade hostil; e os capítulos seguintes darão uma ênfase ainda maior a essa perspectiva" (FRANCE, 2007: 370).

Iníquos, adúlteros, nunca satisfeitos: Por que Jesus implica tanto com as pessoas com quem se encontra? Por que, em 11,20-24, compara as cidades do lago, onde Ele tinha operado milagres, com as cidades pagãs de Tiro e Sidônia e com a cidade amaldiçoada de Sodoma para dizer que aquelas não são melhores do que estas, as pagãs? Voltaremos mais tarde, ao tratar do capítulo 13, numa resposta de tipo histórica; por ora, ao contrário, vamos nos deter a contemplar a cena literário-narrativa, conforme descrita por Mateus. As cores são fortes: parece que quase ninguém aceitou o anúncio do reino que Jesus continua a fazer com a ajuda dos doze apóstolos; apesar da exuberante salvação desses primeiros capítulos, ainda há aqueles que o criticam apenas porque Ele cura no sábado, há aqueles que não estão satisfeitos e gostariam de algum outro milagre (ou talvez algum milagre de outro tipo?), aqueles que o acusam de expulsar os demônios em nome de belzebu, o príncipe dos demônios. O fronte da rejeição, que começava a se firmar ao final do capítulo 9, agora é forte e generalizado. Jesus ainda é quem traz o Reino de Deus, mas há quem não aceite seu anúncio. Nesses capítulos existem algumas expressões muito fortes sobre a identidade de Jesus, mas quem as entende? João Batista sente que Ele pode ser o Messias, mas não consegue afirmar com certeza (11,3). O próprio Jesus se compara à Sabedoria de Deus (11,19) e declara ser maior do que o templo (que é o lugar mais sagrado para Israel: 12,6) e senhor do sábado (um dos mais importantes preceitos de Deus: 12,8); Ele é o Servo de Deus predito pelo Profeta Isaías, aquele que fará a justiça triunfar e o esperado das nações (12,18-21); é Ele quem, com um toque, torna presente o Reino de Deus (12,28), maior do que Jonas e Salomão (12,41-42). Mas toda essa riqueza continua rejeitada.

Mas, talvez, ao ler a história de Mateus, estejamos exagerando as coisas com cores sombrias demais. Escreve Martin (2008: 39):

> Os capítulos 11-12 são perpassados por uma veia claramente conflitante. Um julgamento reciprocamente negativo surge dos dois lados. Por um lado, os adversários de Jesus, que subvertem a realidade, já emitiram uma sentença irrevogável em seus corações. Por outro lado, Jesus, que, forçado a registrar uma resistência crescente, nada pode fazer senão julgar negativamente "esta geração". Bem, nesse contexto tão tenso, de repente, uma pausa serena completamente imprevisível se abre, qual raio de sol em dia cinzento. Jesus louva ao Pai porque sua reve-

lação é acolhida e convida os cansados e oprimidos a aprender com Ele, "manso e humilde de coração" [...]. Na aridez da recusa, Jesus, voltando-se ao Pai e aos oprimidos, encontra um verdadeiro oásis de refrigério.

Essas palavras, escritas como comentário a Mt 11,25-30, abrem para um segundo ponto de reflexão sobre os capítulos 11-12: é verdade que Jesus é rejeitado de maneira muito pesada, mas é igualmente verdade que nem tudo está perdido. Infelizmente, é um oásis no meio do deserto e, além disso, um oásis de que Mateus se limita a sinalizar a existência, sem nos oferecer uma descrição detalhada. De fato, não há histórias nas quais o acolhimento dado por esses "pequeninos" a Jesus seja visível, nem episódios que sugiram o que são e quem são os que acolheram o Senhor. Mateus não conta, mas diz: não percamos a esperança.

No final, "o anúncio da futura perseguição dos discípulos no discurso de Jesus se reflete em sua própria história" (SEGALLA, 1992: 56); De todos os aspectos que unem Jesus e os Doze, Mateus narra especialmente a recusa reservada a ambos. Do ponto de vista de Jesus, isso não acrescenta nada ao que já foi antecipado nas narrativas da infância: as premissas estão sendo realizadas. A verdadeira novidade desses capítulos não se refere, portanto, a Jesus, mas aos doze apóstolos: muito mais do que Marcos, Mateus assinala que eles também compartilham a atividade e as dificuldades da obra da salvação implementadas por Jesus; eles não estão do lado daqueles que o recusam, mas do lado daquele que é rejeitado.

Terceira seção: conflito e revelação, antecipadamente (13,1–17,27)

É difícil encontrar uma estrutura para esta terceira seção e, de fato, aqui as posições dos especialistas se distanciam umas das outras. Continuamos a seguir a proposta de Segalla que, com base nas duas seções anteriores, nos convida a considerar o discurso como inicial (cap. 13: as parábolas) e a parte narrativa constituída pelos capítulos 14-17. No entanto, não podemos omitir outras ênfases, como a da França, que mostra como nos dois capítulos anteriores ao discurso das parábolas "encontramos uma variedade de partes narrativas e dialógicas, não tão claramente estruturadas em uma unidade, mas que em conjunto constroem o pano de fundo para a discussão do capítulo 13 acerca do que acontece quando o Reino de Deus é proclamado" (FRANCE, 2007: 417).

O discurso em parábolas já estava bastante articulado em Marcos, onde ocupou quase todo o capítulo 4; Mateus o especifica melhor, reunindo sete parábolas de Jesus (um número não aleatório) e introduzindo a maioria delas com a fórmula "o Reino dos Céus é semelhante a... (pode ser comparado a...)". Este último detalhe estilístico não é uma questão trivial: as palavras com as quais seis das sete histórias são introduzidas asseguram que há uma ligação explícita entre as parábolas, o anúncio já feito por Jesus várias vezes por meio da expressão "Reino dos Céus" e as palavras do versículo 11: "Porque a vós [os discípulos] é dado conhecer os mistérios do Reino dos Céus, mas àqueles [todos os outros] não lhes é isso concedido". Assim, o que em Marcos era para ser adivinhado, aqui em Mateus é dito mais diretamente: nem todos aceitam o Deus conosco, o Reino de Deus trazido por Jesus! Desde o capítulo 4, isto é, quando começou sua atividade pública, Jesus está anunciando o reino com palavras e ações; mas "o coração deste povo tornou-se insensível, tornou-se duro de ouvidos e fechou os olhos, para não ver com os olhos, não para ouvir com os ouvidos e não entender com os seus corações" (Mt 13,15). Mateus cita o mesmo texto de Isaías já usado por Marcos, mas numa versão mais extensa e menos modificada, na qual se diz explicitamente que os ouvintes não querem entender a mensagem: com um quiasmo perfeito (uma figura retórica concêntrica: coração-ouvidos-olhos, olhos-ouvidos-coração) Jesus se queixa da insensibilidade total do povo ao seu anúncio. Eles fecharam completamente seus sentidos para não perceber o reino trazido por Jesus.

As parábolas e o Reino de Deus

A palavra "parábola" deriva do verbo grego *pará-bállo*, que literalmente significa "lançar próximo", "colocar próximo" e, portanto, em um sentido traduzido "comparar". As parábolas evangélicas são geralmente histórias (ou breves exemplos), verdadeiras ou inventadas, não importa, que Jesus coloca ao lado da realidade para iluminá-la. Entende-se que essas histórias devem ser de alguma forma semelhantes à realidade que queremos iluminar com elas: elas devem ter a mesma dinâmica, mas expressas de uma maneira mais compreensível. Em um dos livros italianos mais interessantes sobre as parábolas, assim escreve Fusco (1983: 63): "Em uma primeira aproximação, podemos dizer que o 'efeito parábola' consiste em ter uma certa avaliação, um 'julgamento', para ser transferido então para outra situação que não é a da história contada, mas que tem uma estrutura essencial idêntica a ela". Jesus se encontra diante de pessoas normais e quer explicar-lhes o Reino dos Céus: Como dizer quem é Deus, como Ele se manifesta, as características de sua presença entre nós? Contando a história de um fazendeiro que semeia seu campo, de um fazendeiro que descobre um tesouro enterrado ou de um pescador que joga fora o peixe ruim trazido com a rede de arrasto... Nenhuma dessas imagens expressa plenamente o Reino dos Céus, mas cada uma consegue, a seu modo, fazê-los perceber um aspecto, uma dinâmica desse reino. Mas isso só acontece com quem quiser entender. De fato, é típico das parábolas ser um gênero literário "desafiador": elas podem ser lidas como histórias mais ou menos interessantes ou como aberturas aos mistérios mais profundos da vida, depende não apenas de quem as conta, mas também do ouvinte. Não é suficiente ouvi-las, é preciso querer compreendê-las.

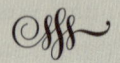

E uma reclamação que não parece nova. Nós já tínhamos ouvido várias vezes nos capítulos 11-12: esta geração é má e adúltera, sempre insatisfeita, não reconhece os sinais da presença de Deus em Jesus; somente os discípulos se salvam: Seriam eles os pequenos a quem a revelação do Pai é reservada? (11,25). Volta então à pergunta já mencionada: Por que um julgamento tão pesado da parte de Jesus para todos os seus ouvintes? É exagerado tanto do ponto de vista histórico quanto do ponto de vista narrativo. Na verdade, não é verdade que todos, fora os discípulos, rejeitaram Jesus, ou pelo menos não tão cedo, enquanto Ele ainda está na Galileia; além disso, antes da exacerbação inesperada dos capítulos 11-12 não havia sinais na narrativa de Mateus que caracterizassem negativamente a multidão. Quando é que todas as pessoas que seguiam Jesus começaram a rejeitá-lo?

Segundo Luz (2002: 109), a recusa de todos ou quase todos "não faz parte do enredo de Mateus, mas o interrompe ou o condensa e concentra-o no final". E uma observação aguda, que precisa ser aprofundada com uma nova pergunta: Por quê? Por que Mateus exagera a situação, antecipando o drama da rejeição já na primeira parte de seu Evangelho? Luz responde de um ponto de vista histórico: Porque Mateus fala aos cristãos que já romperam todas as relações com a comunidade judaica; mais do que a situação ainda indefinida de Jesus-Israel, Mateus teria em mente a realidade do confronto entre a Igreja e Israel. De um ponto de vista histórico, a resposta é interessante; no entanto, ainda existe uma questão do tipo narrativa: Que efeito tem essa escolha de antecipar tanto o conflito no enredo de Mateus? Façamos uma pausa por um momento para considerar o conteúdo das parábolas contadas por Jesus e depois os capítulos seguintes; daí obteremos elementos indispensáveis para melhor perceber toda a narrativa e, então, poderemos tentar uma resposta.

Muitas parábolas de Jesus estão espalhadas pelo Evangelho, especialmente no ensino de Jerusalém (cap. 21-25); aqui no capítulo 13 recolhem-se sete: o semeador, o joio, o grão de mostarda, o fermento, o tesouro, a pérola, o peixe ruim. Uma ênfase particular é dada àquela do semeador e à do joio, para a qual Jesus – a pedido – também oferece uma explicação. Além disso, a razão que leva Jesus a falar em parábolas nos é revelada duas vezes: nos versículos 14-15 é Ele quem diz isso, citando o texto de Isaías que vimos acima; nos versículos 34-35, por sua vez, é o evangelista que usa o Sl 78 para uma citação de cumprimento: "Todas estas coisas disse Jesus às multidões por parábolas e sem parábolas nada lhes dizia; para que se cumprisse o que foi dito por intermédio do profeta: 'Abrirei em parábolas a minha boca; publicarei coisas ocultas desde a criação [do mundo]'". Como já ocorrera com os milagres dos capítulos 8-9, Mateus quebra o elenco de parábolas com duas interrupções: duas explicações e duas citações de textos do Antigo Testamento; esses intervalos são importantes porque oferecem uma chave para a leitura das próprias parábolas. Graças à citação do salmo, por exemplo, podemos dizer que Jesus narra o Reino dos Céus em parábolas para não ocultá-lo, mas para revelá-lo. Mas ao mesmo tempo Ele o faz em parábolas precisamente porque são um gênero literário que exige a decisão ativa do ouvinte: nem todo mundo quer receber o reino, como diz Isaías; nem todos os solos são adequados para a semente brotar, pelo contrário, às vezes há aqueles que deliberadamente contaminam a semeadura espalhando a cizânia.

Mais um passo adiante. Não só no gênero literário usado, mas também no conteúdo das parábolas, Jesus insiste muito na necessidade de se posicionar, de se ocupar: porque o Reino dos Céus é uma presença real, é um tesouro inestimável, tem em si um poder de vida comparável ao de sementes de levedura e mostarda. Mas entrar nesse reino não é coisa óbvia! Devemos querê-lo: precisamos vender tudo para comprar o campo ou a pérola preciosa; do contrário, ficaremos do lado de fora, como o joio, descartados como peixe que não conta aos olhos do pescador. A última parábola é a mais dramática e nos deixa com uma advertência de muita conta: "Assim será na consumação do século: sairão os anjos, e separarão os maus dentre os justos, e os lançarão na fornalha acesa; ali haverá choro e ranger de dentes" (vers. 49-50). Não é indiferente aceitar ou rejeitar Jesus, é para a vida eterna.

As sete parábolas coletadas por Mateus no capítulo 13 portanto nos oferecem um segundo elemento que caracteriza todo o discurso. O primeiro foi que as pessoas de sua geração continuam a recusar-se a acolher Jesus; a segunda é que, apesar disso, Jesus não renuncia a trazer as boas-novas do Reino dos Céus. As parábolas de Mt 13 oscilam entre estes dois polos: por um lado, a dramaticidade real da rejeição (a terra que não dá fruto, o joio, o peixe jogado fora), por outro a enorme potencialidade do Evangelho de Jesus (a terra boa, o fermento, o tesouro...). Diante de uma geração completamente impermeável ao anúncio do reino, Jesus não desiste: lembra-lhes como é trágico o destino daqueles que rejeitam o reino (o reino que Ele traz) e conta com uma vivacidade única como é grande o futuro daqueles que o aceitam. Jesus continua ensinando as multidões, mesmo que insensíveis; pelo menos no sentido em que adverte contra o perigo de não escutar e convida o povo a ser receptivo.

Um terceiro elemento a ser destacado aparece nos seguintes capítulos (13,53–17,27): Jesus não apenas continua a proclamar o reino para as multidões, mas também constantemente aprofunda a formação de seus discípulos. No discurso em parábolas, de fato, quase metade dos versículos são dedicados ao diálogo com eles; mas é sobretudo nos capítulos seguintes que isso acontece:

> Mateus, nesta seção narrativa que segue o discurso parabólico, recolheu uma série de episódios de conflito e revelação. A narrativa se desenrola alternando cenas em que Jesus e os discípulos estão entre a multidão, e cenas em que Jesus e os discípulos estão sozinhos. A perspectiva dominante parece ser a segunda: tem-se a impressão de que Jesus começa a se distanciar das multidões para se concentrar na formação do grupo de discípulos (BOSCOLO, 2008b: 11).

Por um lado, portanto, o conflito: um episódio de rejeição e incompreensão abre e conclui esses capítulos; os habitantes de Nazaré estão realmente escandalizados por Jesus e os discípulos se entristecem com a ideia da sua morte. Além disso, as reprovações a esta geração, "incrédula e perversa" (17,17), continuam e os ataques dos e aos fariseus tomam forma, criticando Jesus por questões relativas à tradição e sendo criticados por Ele como hipócritas. Por outro lado, a revelação: milagres continuam, alguns dos quais são apenas para os discípulos, e o resultado não é tão desastroso como foi para Marcos: vendo-o caminhar sobre a água, "os que estavam no barco o adoraram, dizendo: Verdadeiramente és Filho de Deus!" (14,33); Pedro, então, quando questionado por Jesus sobre sua identidade, responde dizendo "Tu és o Cristo, o Filho do Deus vivo" (16,16). Até mesmo Deus, da montanha da transfiguração, reiterará que Jesus é realmente seu filho; e o mesmo mestre permitirá que o dará a entender na pergunta-resposta com Pedro sobre o imposto do templo: Eu sou o filho, não devo pagar impostos a meu pai... Nessa seção do Evangelho é, portanto, explicitamente revelado (apenas aos discípulos, no entanto) que Jesus é o Filho de Deus; se no discurso da montanha isso foi apenas insinuado pela maneira em que Jesus se colocou contra a Lei, agora está dito claramente. Mas também que o mistério de sua pessoa está inextricavelmente ligado à recusa, o que de fato o levará à morte na cruz; na verdade, registramos os dois primeiros anúncios da paixão-morte-ressurreição.

No todo, portanto, nessa terceira seção de seu Evangelho, Mateus faz escolhas diferentes de Marcos; acima de tudo, ele pinta os discípulos de uma maneira decididamente melhor (embora não perfeita), enquanto fornece uma visão completamente negativa de todos os outros. Assim, não somente antecipa o conflito entre Jesus e sua geração, mas também sua revelação paradoxal (na paixão Ele é o Filho de Deus). Qual é o efeito dessas escolhas? Que os discípulos estão lá; eles não estão ausentes no momento da revelação, como ocorreu em Marcos. Eles não serão apenas recuperados por Jesus depois da ressurreição, mas já estão com Ele quando, em certo sentido, Ele antecipa a paixão e a revelação de si mesmo como Filho. No momento importante da rejeição-revelação, os discípulos estão lá.

Quarta seção: a comunidade dos discípulos (18,1–20,34)

O final do capítulo 9 falara de um Jesus rodeado de muitas multidões, introduzindo assim o discurso missionário do capítulo 10; da mesma forma os capítulos 14-17 prepararam o terreno para o discurso eclesial de Mt 18, teimosamente apresentando um Jesus rejeitado por todos, exceto por seus discípulos. Há uma comunidade que acolhe Jesus, mas ainda não está madura; é por isso que o quarto grande discurso de Mateus é reservado a eles: não apenas no sentido de que são os únicos destinatários, mas também porque o conteúdo do discurso diz respeito à dinâmica interna da comunidade. Geralmente esse é chamado de "discurso eclesial" porque Jesus chama essa comunidade que está se formando com o termo "igreja", e Mateus é o único dos quatro evangelistas a usar essa palavra, pela primeira vez no capítulo 16 (16,18) e mais duas vezes aqui (ambas em 18,17).

O discurso ocupa todo o capítulo 18 e pode ser dividido em duas partes: 18,1-14 e 18,15-35. É o vocabulário que sugere a presença de duas pinturas: até o versículo 14 retorna muitas vezes o termo "pequeno", enquanto do versículo 15 ao final, muitas vezes é encontrada a palavra "irmão". Aqui, Mateus usa a técnica da palavra-gancho: reúne vários ensinamentos de Jesus que estão ligados entre si porque se referem a temas relativos a "pequeninos" ou "irmãos". Assim, em resposta a uma pergunta dos discípulos sobre quem é o maior, Jesus ensina que a verdadeira grandeza é ser pequenos e acolher os pequenos; depois Ele muda o registro e convida a um certo comportamento diante do irmão, pequeno ou grande não importa. Cada uma das duas partes, para sublinhar novamente como o discurso é muito bem composto, termina com uma parábola sobre o assunto. A ovelha perdida e procurada conclui a parte sobre os pequenos, e de fato as últimas palavras são: "Assim, pois, não é da vontade de vosso Pai celeste que pereça um só destes pequeninos" (vers. 14); o servo implacável conclui a parte sobre o irmão, e de fato as últimas palavras são: "Assim também meu Pai celeste vos fará, se do íntimo não perdoardes cada um a seu irmão" (vers. 35).

Já estamos acostumados a esse estilo de Mateus, que aborda metodicamente os problemas da comunidade, quase ordenando-os por tópico: primeiro a questão da grandeza (autoridade e serviço) e depois as relações fraternas (caridade e julgamento). E em ambos os casos ele conclui com uma referência ao Pai, como vimos nos versículos 14 e 34 citados acima. Assim como o discurso na montanha, o eclesial também é muito concreto, às vezes com foco nos detalhes; mas, em ambos os discursos, o princípio ao qual Jesus se refere ao tratar de questões práticas é teológico: o ponto de referência não é o senso comum ou algum tipo de raciocínio, mas Deus, sempre chamado com o nome de Pai. Jesus o havia dito em síntese precisamente no primeiro grande discurso: "Sede portanto perfeitos, como perfeito é o vosso Pai celeste" (5,48). Isso pede a sua comunidade.

Sobre o conceito de perfeição

Um tema particularmente importante está ligado ao episódio do jovem rico (19,16-22), uma peça que tem sido fonte de muita discussão desde os tempos antigos. Por que – alguém pode se perguntar – Jesus primeiro diz ao jovem: "Se queres entrar na vida, guarda os mandamentos" (vers. 17); mas quando ele diz que sempre os observou, Jesus muda sua proposta: "Se queres ser perfeito, vai, vende os teus bens [...] depois, vem e segue-me" (vers. 21)? Talvez Jesus considere a observância dos mandamentos como uma moral básica para todos, enquanto segui-lo seria ideal para os poucos "perfeitos"? A resposta é não. Mas, para motivá-lo, temos de sair do nosso modo moderno de entender a lei e a perfeição. No mundo bíblico, de fato, "perfeito" não é aquele que coloca a Lei de Deus em prática literalmente; Scaiola escreve (2008: 42). Sobre Mt 5–7: "Há uma observância que parece literal, mas que também pode matar, e há um cumprimento que desorienta, porque não é um ponto de chegada, mas o começo de um dinamismo tendencialmente infinito". Em outras palavras, o sábio é aquele que, mesmo quando observa todos os preceitos de Deus, sabe que algo ainda está faltando; continuamente procura e explora para aprender "como" seguir as indicações de Deus hoje. Perfeito, portanto, é o buscador, e Jesus propõe ao escriba que procure segui-lo, o mestre. Mateus fala com frequência de Lei e de coisas para fazer, mas é menos dogmático do que parece à primeira vista: o que ele faz não deixa de ser um convite a seguir a Jesus.

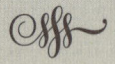

A parte narrativa que segue o discurso eclesial é unida por uma referência geográfica: enquanto antes estávamos na Galileia (17,22) e depois mais precisamente em Cafarnaum (17,24), "concluindo Jesus estas palavras, deixou a Galileia e foi para o território da Judeia, além do Jordão" (19,1). Não é realmente a descrição de uma viagem, como para Marcos e ainda mais para Lucas; mas pelo menos uma sugestão dessa mudança que acontece e termina com a entrada em Jerusalém, já anunciada em

16,21, mas realizada apenas no começo do capítulo 21. Nesse tempo Jesus discute com os fariseus sobre o divórcio e com os discípulos sobre casamento e celibato; recebe a recusa do jovem rico, que prefere manter suas coisas em vez de renunciar a elas para seguir a Jesus; conta a parábola do mestre que reúne os trabalhadores a cada hora do dia, continuando assim uma reflexão com os discípulos sobre o fato de que o primeiro será o último e o último será o primeiro; anuncia-lhes pela terceira vez sua paixão-morte-ressurreição e se aproveita da reação descomposta dos discípulos (que pedem por postos de prestígio...) para falar novamente sobre o serviço na comunidade. A viagem termina, como para Marcos com um milagre às portas de Jericó, só que, para Mateus, os cegos curados são dois, enquanto Marcos apresentara somente um.

Embora *en passant*, vemos imediatamente que os capítulos 19-20 são dedicados principalmente ao ensino de Jesus; mais precisamente ainda, esta parte é, em certo sentido, um desenvolvimento do discurso eclesial: o mestre Jesus explora alguns eventos para continuar a formação de seus discípulos, de sua nova comunidade, sobre os temas que já haviam inervado o discurso ao capítulo 18.

Chegando ao final do capítulo 20 nos perguntamos: Qual é o propósito dessa quarta seção (Mt 18–20) na trama narrativa de Mateus? Qual papel ela desempenha? E quase um parêntese: diz pouco ou nada sobre Jesus, um aceno de crítica no começo do capítulo 19 e o terceiro anúncio da paixão, todas as coisas que já conhecíamos. No capítulo 21, fecha parênteses, o ritmo implacável dos capítulos anteriores retornará com um Jesus alvo de críticas que, por sua vez, não reluta. Entre um conflito e outro, ou talvez seja melhor dizer entre dois momentos do mesmo conflito que atinge Jesus há algum tempo, aqui está uma pausa reflexiva: antes que a situação se degenere, é importante que Jesus consolide sua nova comunidade. Antes de os discípulos ficarem em segundo plano, deixando os holofotes para os representantes do povo, é importante que Mateus nos lembre que eles estão lá e que Jesus está cuidando deles. Ele os está preparando para que não sejam um grupo heterogêneo, mas uma Igreja.

Quinta seção: a escolha necessária (21,1–25,46)

Na estrutura que estamos seguindo, a quinta seção muda a ordem dos adendos: primeiro alguns capítulos "narrativos" (21-23), depois o quinto e último discurso (24-25). Uma das principais razões por trás dessa escolha é a dificuldade de vincular o discurso escatológico à narrativa seguinte, relacionada à paixão; e ao mesmo tempo a dificuldade de ligar a narrativa que começa no capítulo 21 com a que precede: os capítulos 19-20 são principalmente destinados aos discípulos, enquanto os capítulos 21-23 são explicitamente para os vários grupos judaicos da época. No esquema claro até demais de Mateus, os ensinamentos de 19-20 são para aqueles que acolheram Jesus, os de 21-23 são para aqueles que o rejeitaram. Além disso, podemos também lembrar que, com o 21,1, a geografia muda radicalmente, já que agora chegamos a Jerusalém.

Comecemos com os capítulos 21-23. Eles são formalmente contidos pela inclusão de 21,9 e 23,39. Em ambas as passagens, o evangelista cita o Sl 118: "Bendito o que vem em nome do Senhor!" Como de costume, os estratagemas literários de Mateus não são de puro embelezamento; para nós, leitores, é uma advertência: Jesus é aquele que vem em nome do Senhor, agora é cada vez mais explícito em afirmá-lo Ele mesmo; mas, ao chegar a Jerusalém, a multidão o aclama (mais uma razão para dizer que nos capítulos anteriores foi um exagero apresentá-lo de maneira completamente negativa), no final de sua permanência no Templo o panorama é o da rejeição. Mt 23,39 é de fato a conclusão de sua queixa sobre a Cidade Santa: "Jerusalém, Jerusalém, que matas os profetas e apedrejas os que te foram enviados! Quantas vezes quis eu reunir os teus filhos, como a galinha ajunta os seus pintinhos debaixo das asas, e vós não o quisestes! Eis que a vossa casa vos ficará deserta. Declaro-vos, pois, que, desde agora, já não me vereis, até que venhais a dizer: *Bendito o que vem em nome do Senhor!*" (23,37-39). No final, portanto, na perspectiva de Mateus, a aclamação triunfal do capítulo 21 era apenas um fogo de palha; na realidade, o que foi anunciado no episódio dos magos está se cumprindo: a cidade de Jerusalém rejeita Jesus, o Deus conosco. Não é dita a última palavra, chegará o dia em que o aclamará, mas por enquanto a cortina se fecha com uma cena obscura.

Percorramos os capítulos para ver quão dramática é a situação. Tudo começou de uma forma quase positiva: Jesus entrou em meio aos aplausos da multidão, "toda a cidade se alvoroçou, e perguntavam: Quem é este? E as multidões clamavam: 'Este é o profeta Jesus, de Nazaré da Galileia!'" (21,10-11). Não é o máximo reconhecimento, mas já é alguma coisa. No entanto, Jesus imediatamente se coloca em contraste com dois gestos simbólicos que indicam ruptura: afasta os vendilhões do Templo e seca uma figueira. De maneira muito semelhante a Marcos, Mateus conta como Jesus não apenas contesta a autoridade de Israel, mas também os representantes do povo contestam a dele; e em resposta ao seu protesto, em vez de se defender, Jesus ataca. As parábolas dos dois filhos dos arrendatários homicidas e convidados que rejeitam o banquete, de fato, apenas reiteram a ideia apenas ventilada com as ações simbólicas: "o Reino de Deus vos será tirado e será entregue a um povo que lhe produza os respectivos frutos" (21,43). Israel se fechou: estamos no confronto. Voltam à cena os fariseus com uma armadilha política (Deve-se pagar ou não o tributo a César?), e os saduceus com uma armadilha teológica (Uma mulher casada com sete maridos, com qual deles irá partilhar a vida eterna?). Em seguida, novamente os fariseus, mas desta vez do lado teológico (Qual é o maior dos mandamentos?). Nenhuma das perguntas feitas a Jesus é sincera, nem mesmo a última: elas estão apenas tentando fazê-lo cair em erro. Mas eles não conseguem: com uma pergunta sobre o Messias, Jesus os coloca em dificuldade; e então Mateus toma a tangente e, ao contrário de Marcos, relata em um capítulo inteiro, o 23, sete "ais" dirigidos por Jesus a "escribas e fariseus hipócritas". Nada mal como discurso de despedida!

A primeira parte da seção é, portanto, quase inteiramente dedicada a mais outro recrudescimento do conflito entre Jesus e os líderes do povo (cap. 21-23); desta vez é extremamente sério: Jesus se fechou a eles por enquanto. A segunda parte, ao contrário, é reservada ao discurso escatológico para os discípulos. Aqui também podemos nos dar ao luxo de ir mais rapidamente até certo ponto. Mateus de fato segue fielmente a história de Marcos: Os discípulos elogiam a beleza do Templo (o orgulho do povo judeu),

Jesus profetiza sua destruição, eles recebem o anúncio como uma profecia escatológica e perguntam sobre o fim do mundo. Emprestando vocabulário e imagens da literatura apocalíptica, Jesus anuncia uma série de convulsões e perseguições sociais; mas ainda não será o fim. Haverá uma tribulação tão grande que muitos vacilarão, a iniquidade alcançará seu clímax na terra, de modo que a única solução séria será a fuga. Após a grande tribulação, será a hora dos cataclismas cósmicos: este mundo literalmente se despedaçará. Então o Filho do Homem aparecerá em toda a sua glória e conduzirá para si todos aqueles que permaneceram fiéis a Ele. Em resumo, o discurso escatológico é uma mensagem de esperança: toda tribulação, por maior e mais perturbadora que seja, está destinada a terminar; o verdadeiro fim, o último lampejo da história, é o glorioso Jesus que reúne em si aqueles que o amam.

A primeira parte do discurso (24,4-31), muito semelhante ao de Marcos, é, portanto, uma série de eventos futuros principalmente negativos que precedem a cena final, *i. e.*, a glória de Jesus. Nesses versículos, Jesus continua a repetir: ainda não é o fim. Depois, há alguns versículos de passagem (24,32-36), em que Jesus faz duas declarações conflitantes sobre quando será o fim: primeiro Ele se desequilibra e afirma que "que não passará esta geração sem que tudo isto aconteça" (vers. 34); então que "a respeito daquele dia e hora ninguém sabe, nem os anjos dos céus, nem o Filho, senão o Pai" (vers. 36). Duas afirmações que por sua diferença são de *per si* um elemento de confusão... A explicação mais convincente, mesmo que não inteiramente satisfatória, foi proposta por Fabris (1996: 501-504): Jesus se refere à espiral de violência e maldade que encontrou seu ponto culminante na destruição do Templo e de Jerusalém e à sua glória, que terá como Filho do Homem ressuscitado (cf. 28,18), desse ponto de vista, se entende que esta geração não terá passado antes que tudo aconteça. Esses fatos, porém, de que os ouvintes de Jesus são testemunhas, estão antecipando o fim que está no limiar da história: ainda se repetirá, projetada para um futuro não definível, tanto a maldade desta geração quanto a "destruição" deste mundo, até o dia em que será o fim em um sentido literal e Jesus retornará na sua parusia.

Em todo caso, entenda-se que a contraposição entre as duas afirmações de Jesus, aquela sobre a ignorância do dia e sobre a hora, se abre para o tema que será desenvolvido na segunda parte do discurso: já que ninguém sabe quando vai acontecer, a única coisa sensata é estar sempre de prontidão (24,37-25).

Em primeiro lugar, alguns exemplos sublinham a incerteza da hora, outros a importância de vigiar. Seguem-se três parábolas: a das dez damas de honra insiste na vigilância, a dos talentos na importância de se ocupar (como estar vigilante), a do julgamento final insiste na caridade (como se ocupar). No final, as indicações de Jesus sobre como estar pronto estão resumidas em um único verbo, o de 25,44: o que realmente importa é "servir" aos irmãos menores. "Dize-nos quando sucederão estas coisas e que sinal haverá da tua vinda e da consumação do mundo", perguntam os discípulos a Jesus (24,3). Não vos preocupeis – responde – a gloriosa vinda do Filho do Homem será evidente para todos, como um lampejo que vai de um extremo do céu ao outro, como uma carcaça para os abutres: quando chegar a hora, certamente a notareis; mas ninguém pode dizer precisamente quando será. Haverá primeiro guerras, cataclismas e perseguições, e também sereis postos à prova – continua Jesus –, mas isso será apenas o começo. Haverá a grande tribulação, inimaginável, mas ainda não será o fim. O dia e a hora do fim ninguém os conhece; o que importa não é especular sobre naquele dia, mas estar pronto: não façais como aquele servo que se aproveita do atraso de seu senhor; não cometais o erro das damas de honra que não se preparam para a eventualidade do atraso do noivo; não fiqueis por aí como o servo que enterrou seu talento. Vigiai, estejais prontos, ocupai-vos: dai de comer aos famintos e de beber aos sedentos; acolhei os forasteiros; vesti os nus; visitai os doentes e os encarcerados. Porque "sempre que o fizestes a um destes meus pequeninos irmãos, a mim o fizestes" (25,40).

As duas partes do discurso escatológico, portanto, destacam duas almas: por um lado, Jesus se entrega à descrição do futuro, com o objetivo de preparar os discípulos para o que vai acontecer ("Vede que vo-lo tenho predito", 24,25); por outro lado, convida-nos a viver o presente concretamente, a serviço dos irmãos como o único caminho para estarmos prontos para enfrentar o futuro.

Analisamos as duas partes dessa quinta seção do Evangelho, os capítulos 21-23 e 24-25. Os destinatários e o conteúdo são tão diferentes que sugerem uma leitura em separado: primeiro, Jesus adverte seus oponentes pela última vez, para os quais há a última chamada (os "ais" servem para avisar ou, no mínimo, para assustar, e não para expressar uma condenação) para não permanecer fora do Reino dos Céus; então Ele instrui seus discípulos para que vivam ativamente nos dias antes do fim. No entanto, esses não são tão estranhos um ao outro. Compartilham um sentido de definitivo, de ultimato: os adversários e os discípulos são chamados a escolher entre acolher (servir) Jesus ou rejeitá-lo (ignorá-lo); não há alternativas, não há tempo a perder, não se pode esperar que alguém faça a escolha por nós. O discurso escatológico tem a função de ampliar o raciocínio, ou seja, o convite/advertência: o comportamento dos discípulos para com os irmãos menores (Como não perceber uma continuação, a partir do vocabulário, do discurso eclesial?), se coloca no mesmo nível dos escribas e fariseus para com Jesus. Diante da recusa que agora caracteriza os adversários de Jesus, seus discípulos não devem ser apenas espectadores; nas dinâmicas desta "geração", vemos a possível dinâmica da nova comunidade, a Igreja. Assim continua a reflexão de Mateus, que nunca deixa de se concentrar nos discípulos e na Igreja.

A nova abertura do Evangelho (26,1–28,20)

Concluído o último grande discurso, começa a parte do Evangelho dedicada à paixão-morte-ressurreição de Jesus. Três capítulos que se assemelham muito à narrativa paralela de Marcos, da qual Mateus se serviu: mesmos eventos, mesma ordem, muitas vezes a mesma formulação. Apenas alguns detalhes de Marcos não relatados e seis pequenas adições de Mateus: a reprovação ao discípulo que feriu um soldado durante a prisão (26,52-54), o suicídio de Judas (27,3-10), o sonho da mulher de Pilatos (27,19), Pilatos lavando as mãos para declarar-se alheio aos fatos (27,24-25), o terremoto e a abertura dos túmulos à morte de Jesus (27,51-53), os guardas no túmulo e a mentira inventada pelos sumos sacerdotes e fariseus (27,62-66; 28,11-15). Pequenos detalhes: não são o que afetam a forma da história; o que mais qualifica esses últimos capítulos de Mateus é o fato de ser postos como conclusão de seu Evangelho, que é diferente daquele de Marcos. É no conjunto da narrativa que até as diferenças nos detalhes assumem importância. Observamos dois aspectos a esse respeito: um referente a Jesus, outro referente aos discípulos.

Primeiro: como vimos, em Mateus não é necessário chegar à cruz para saber que Jesus é o Filho de Deus, não existe aquela tensão que acompanhou Marcos desde o início e que só foi revelada nas palavras finais do centurião. Jesus é o Messias e Filho de Deus: nós já sabíamos disso. E então, para que "servem" essas últimas histórias de um ponto de vista cristológico? A pergunta é um pouco brutal, talvez malformulada, mas quer enfatizar que Mateus não é o Evangelho das novidades desconcertantes: durante a paixão-morte de Jesus, continua a revelação que ocorreu de página em página e já foi antecipada várias vezes. É dito e repetido, por exemplo, que Jesus é Filho de Deus e manifesta seu poder na humilhação da cruz; e que desta forma "cumpre a justiça", para usar uma terminologia cara a Mateus. Nosso evangelista é cuidadoso, dito em outras palavras, em sublinhar como cada detalhe da paixão de Jesus é o cumprimento da Sagrada Escritura; não apenas o seu grito na cruz é tirado de um salmo, mas até a morte de Judas leva a cumprimento as palavras do Profeta Jeremias (27,9-10).

Nos dias de sua paixão, Jesus continua a revelação iniciada anteriormente. Não só isso: conclui-se nos mesmos dias a dinâmica de acolhimento-recusa, iniciada desde o nascimento do rei dos judeus, procurado e adorado pelos magos, mas ignorado e depois perseguido por Herodes. Quanto a Israel, o Evangelista Mateus é categórico: rejeitou Jesus e fez tudo o que pôde para se livrar dele. Na história do julgamento diante do procurador romano, a cena é quase cômica se não fosse pelo drama narrado: Pilatos, impulsionado também pelo sonho de sua esposa, defende Jesus das acusações de seu povo; os pagãos reconhecem que Ele é justo e que não fez nada de errado, enquanto os judeus gritam "Crucifica-o!" Observamos novamente a simplificação típica de Mateus nas palavras dramáticas de 27,24-25: "Vendo Pilatos que nada conseguia, antes, pelo contrário, aumentava o tumulto, mandando vir água, lavou as mãos perante o povo, dizendo: 'Estou inocente do sangue deste [justo]; fique o caso convosco!' E o povo todo respondeu: 'Caia sobre nós o seu sangue e sobre nossos filhos!'"

A recusa, portanto, atinge o seu auge; e a acolhida? Os discípulos, que em dado momento foram os únicos a reconhecer Jesus e permanecer com Ele, também desaparecem. Se dependesse dos atores humanos, a narração de Mateus terminaria em absolutamente nada; no entanto o capítulo 28 expande grandemente – em comparação com Marcos – a história do que aconteceu depois da ressurreição e, ao fazê-lo, dá a Jesus ressuscitado a possibilidade de continuar a história com uma nova abertura. Mas para que o quadro seja mais claro, devemos primeiro considerar os vários tópicos da narrativa de Mateus.

Mateus e o povo judeu

Em dois mil anos da história do cristianismo, as palavras ditas pelos habitantes de Jerusalém, por ocasião da condenação de Jesus, foram lidas e muitas vezes interpretadas de maneira distorcida, causando consequências dramáticas. É inútil negar que, em algumas ocasiões, elas tenham sido usadas como desculpa para o comportamento antissemita. Nesse contexto, não temos tempo nem oportunidade de abordar de maneira orgânica e séria uma questão que é muito complexa, a saber, a maneira como Mateus lida com as relações com o povo judeu; só notamos que não se fecha completamente a Israel: como vimos no final dos sete "ais", o próprio Jesus diz que chegará o dia em que seu povo dirá: "Bendito o que vem em nome do Senhor!" (23,39). Contentemo-nos remetendo a discussão a outras sedes: como a conclusão a que chega o recente documento da Pontifícia Comissão Bíblica (2001) intitulado *O Povo Judeu e suas Sagradas Escrituras na Bíblia Cristã*. Aqui está o texto número 71: "O Evangelho de Mateus, mais do que os outros sinóticos, é um evangelho de cumprimento – Jesus não veio para abolir, mas para completar e, portanto, insiste no aspecto de continuidade com o Antigo Testamento, fundamental para a noção de cumprimento. É esse aspecto que nos permite estabelecer laços fraternos entre cristãos e judeus. Mas, por outro lado, o Evangelho de Mateus reflete uma situação de tensão e até de oposição entre as duas comunidades. Jesus prediz que seus discípulos serão flagelados nas sinagogas e perseguidos de cidade em cidade (23,34). Mateus, portanto, está preocupado em defender os cristãos. Desde então, a situação mudou radicalmente, a controvérsia de Mateus já não tem de intervir nas relações entre cristãos e judeus e o aspecto da continuidade pode e deve prevalecer".

Mateus: uma comunidade

Chegando ao final, nos perguntamos: Qual é, então, a especificidade da narrativa de Mateus? Ele certamente afirma que Jesus é o Messias e o Filho de Deus, aquele que cumpre as Escrituras de Israel, mas também as ultrapassa e abre a salvação para o mundo inteiro por meio de sua morte-ressurreição; também nos conta como esse salvador se cercou de uma comunidade de discípulos. Mas Marcos também disse isso. Como Mateus apresenta esse anúncio? Qual é a principal ênfase teológica do seu Evangelho? Articulamos a resposta em três etapas, além de uma reflexão final.

Primeiro: Mateus conta uma história trágica. Kingsbury (1998) enfatiza tanto esse aspecto que o torna o tema único do Evangelho: muito mais do que Marcos, Mateus reitera a dinâmica da rejeição a Jesus que vai desde a infância até a cruz. Em particular, como vimos, nosso evangelista exagera pintando com cores dramáticas a situação: toda essa geração tornou-se impermeável ao Reino dos Céus que Jesus veio trazer; exceções confirmam a regra. Por que Mateus insiste tanto em enfatizar a rejeição de todo Israel, obviamente exagerando? De um ponto de vista histórico, ele enfatiza um fato real, porque dessa forma a história de Jesus é mais parecida com a de sua comunidade, que vive em situação análoga. Do ponto de vista narrativo, essa ênfase tem o efeito de ressaltar ainda mais a figura dos discípulos, que Mateus já pinta de maneira mais positiva do que Marcos: são a exceção, os pequenos que acolheram a revelação do Filho de Deus e o reconheceram como tal, justamente enquanto Ele era rejeitado.

Segundo: Mateus insere cinco longos discursos no enredo de sua história; é uma segunda simplificação, típica de seu estilo: em vez de divulgar os ensinamentos de Jesus, ele reúne grande parte deles em cinco unidades (e, em vez de se contentar em anotar que Jesus ensinou, como Marcos, ele dá detalhes de seu ensinamento). Para quê? Marguerat escreve (2008: 23): "São cinco retrocessos na narrativa, ou melhor, cinco grandes desacelerações impostas ao tempo narrativo. A palavra reportada, com efeito, reduz drasticamente o ritmo da narrativa". Portanto, cinco pausas com as quais Mateus deixa claro que a mensagem de Jesus não pode ser muito simplificada, é uma doutrina articulada. Nota-se particularmente que em todos os cinco ensinamentos de Jesus há um forte tom ético-escatológico. Ético, porque insiste muito no fazer, em como se comportar, até os mínimos detalhes; escatológico porque o comportamento de hoje influencia o destino vindouro. A perspectiva de referência não é esta vida, mas sempre a sorte futura; é significativo, nesse sentido, que cada discurso se feche com uma referência ao futuro escatológico (velado apenas no discurso missionário, explícito nos outros).

Essa referência contínua ao destino final introduz uma terceira característica do Evangelho segundo Mateus: a alternância presente-futuro.

Vimos que essas duas dimensões seguem claramente o último discurso de Jesus, o escatológico; mas não é só isso: também as encontramos nos anteriores e geralmente um pouco em toda a narração. O Reino dos Céus que Jesus anuncia e traz a este mundo, de fato, é uma realidade presente e futura, como ficou claro no texto das bem-aventuranças; e o elemento de unidade entre os dois tempos é dado pela pessoa de Jesus. Narrativamente, as expressões "Filho do Homem" (que indica tanto o Jesus terreno quanto o Jesus glorioso) como "Emanuel, Deus conosco" (repetido no começo em referência ao Menino Jesus e ao final em referência a Jesus ressuscitado). Jesus está presente agora enquanto ensina, cura, colide com as autoridades e morre; presente após sua morte e ressurreição em todos aqueles pequeninos a quem os discípulos são convidados a servir; presente no final de tudo como Senhor glorioso.

À luz destes três elementos destacados, podemos concluir retomando o discurso aberto sobre os últimos capítulos do Evangelho. Após as histórias da infância, em que muitos elementos (especialmente os magos) fizeram pensar em uma salvação universal, Jesus em seu ensinamento e em sua atividade quase parece ter se esquecido dessas amplas premissas. Ele havia dito explicitamente aos seus seguidores: "Não tomeis rumo aos gentios, nem entreis em cidade de samaritanos; mas, de preferência, procurai as ovelhas perdidas da casa de Israel" (10,5-6); depois repete tudo muito claramente para a mulher cananeia que lhe implorou por um milagre: "Não fui enviado senão às ovelhas perdidas da casa de Israel" e "Não é bom tomar o pão dos filhos e lançá-lo aos cachorrinhos" (15,24.26).

Se considerarmos o que vimos sobre a rejeição de Israel, parece que o horizonte de Jesus está se reduzindo ainda mais: não apenas não vai aos pagãos, mas dentro de Israel Ele se concentra cada vez mais num grupo restrito de poucas pessoas. Ele lhes dá um poder de enorme mediação: "tudo o que ligardes na terra terá sido ligado nos céus, e tudo o que desligardes na terra terá sido desligado nos céus" (18,18). Além disso, mais do que Marcos, Mateus ressalta que muito do ensinamento de Jesus diz respeito explícita e exclusivamente a si próprio: exceto o discurso da montanha e uma parte do discurso em parábolas, os outros são apenas para o grupo de discípulos. Jesus cuidadosamente forma sua comunidade; Ele a prepara com precisão e a instrui nos mínimos detalhes; dá a ela uma autoridade igual à dele, mas a adverte contra cometer o mesmo erro daqueles que o recusam. Não que sejam perfeitos – embora o retrato deles seja mais positivo do que o oferecido por Marcos. "Mateus descreve-os de maneira ambivalente em todo o relato da paixão – escreve Luz – entre a obediência e a desobediência": juram lealdade a Jesus durante a ceia (26,33-35), mas fogem, Pedro nega o mestre, mas depois se arrepende (26,75), na montanha prostram-se diante do Ressuscitado mas ao mesmo tempo duvidam (28,17). "A ambivalência de ser um discípulo, o entrelaçamento entre fé e dúvida, entre obediência e traição é, para Mateus, evidentemente a realidade do discipulado" (LUZ, 2002: 166-167). Até a paixão, portanto, havia apenas eles com Jesus; a escalada do conflito acentua ainda mais. Mas depois da ressurreição as coisas mudam: "Ide, portanto, fazei discípulos de todas as nações", disse-lhes Jesus, "eis que estou convosco todos os dias até o fim do mundo" (Mt 28,19-20). Esse vínculo particular que manteve os discípulos perto de Jesus, apesar da crescente rejeição de todos os outros, agora se estende; esta é a vontade do próprio Senhor ressurreto: que todos os povos da terra sejam discípulos. Tudo isso enfocando um grupo particular, portanto, certamente não tinha a intenção de se fechar à dimensão universal, mas de preparar aqueles que tinham de colocar esse intento em prática.

Mateus acaba, assim, sendo também surpreendente; não no sentido de Marcos: o tom de sua conclusão é muito mais positivo – basta pensar que as últimas palavras proferidas por Jesus não são as da angustiada pergunta: "Por que me abandonaste?", mas as da serena garantia: "eis que estou convosco". Mateus é mais tranquilizador do que Marcos, mas acaba surpreendendo no sentido de inverter o movimento que vinha se desenvolvendo de página em página: rejeitado pela maioria (por todos), Jesus se concentrou nos discípulos, mas o objetivo não era formar uma comunidade de eleitos que continuasse romanticamente sua presença. A comunidade dos discípulos "históricos" de Jesus é uma passagem; o horizonte é o mundo inteiro.

Mundo de Mateus

Como já vimos, antes de iniciar a leitura de Mateus, esse é um Evangelho ordenado. Vamos dar alguns exemplos, além dos cinco principais discursos: no início do capítulo 18, ele recolhe uma série de frases originalmente desarticuladas e as une com a palavra-gancho "pequenino"; ele repete várias vezes em sua narrativa frases como "nas trevas, onde haverá choro e ranger de dentes" (seis vezes ao todo); conclui o discurso da montanha narrando com uma imagem o destino paralelo (no sentido de oposto) daqueles que ouvem e põem em prática e daqueles que ouvem mas não põem em prática; reúne os antepassados de Jesus em três grupos de catorze (sete mais sete); são sete os pedidos do Pai-nosso, sete parábolas no discurso do capítulo 13, sete "ais" aos escribas e fariseus no capítulo 23 etc.; seis vezes o mesmo padrão nas antíteses, três nas obras de justiça (Mt 5,21-48 e 6,1-18). Além de tudo isso, lendo Mateus percebemos que é claro também no conteúdo: corre o risco de exagerar, mas simplifica muito a realidade, de modo que fica evidente quem entre os personagens está fazendo a coisa certa e quem está errado.

Essa ênfase no estilo abre três caminhos para a reflexão. A primeira: se expandimos o vocabulário e a língua grega usada por Mateus, sem dúvida notamos que ela é de um nível superior ao de Marcos, mesmo que menos animada: linguagem polida, expressões elevadas, trocadilhos, bom uso da sintaxe. A segunda: se somarmos ao anterior o fato de que Mateus dá muito mais espaço aos ensinamentos de Jesus, comparado a Marcos, chegamos à conclusão de que, em geral, ele é um evangelista muito interessado no ensinamento (de Jesus e no próprio). Ele enfatiza que a Igreja tem uma mensagem articulada e séria para transmitir: o querigma não é suficiente, muitos outros detalhes práticos devem ser acrescentados. Isso nos introduz no terceiro caminho de reflexão: muito mais do que os outros evangelistas, Mateus está à vontade no mundo judaico. Alguns dados: é o Evangelho com o maior número de citações e alusões aos textos do Antigo Testamento; em particular, chamam a atenção para as citações de cumprimento dos primeiros capítulos, que não são tiradas da *Septuaginta*, mas de uma tradução pessoal do hebraico (um dos poucos casos em todo o Novo Testamento); mostra que ele conhece a hermenêutica hebraica das Escrituras (pensemos, p. ex., nas seis antíteses); revela certa familiaridade com as categorias de pensamento típicas do mundo judaico, principalmente com os conceitos de "justiça" e "Reino dos Céus"; ele geralmente não explica os costumes e tradições judaicos quando os introduz na história, embora raramente use palavras aramaicas.

Até agora, vimos os dados internos da narrativa de Mateus. Olhando agora para a tradição cristã dos primeiros séculos, encontramos bastante unanimidade: tanto Papias de Hierápolis (século II) quanto Orígenes e Tertuliano (século III) acreditam que o autor do Evangelho é o cobrador de impostos conhecido pelo nome de Levi, que, contudo, em nosso Evangelho, é chamado

Mateus (Mt 9,9). Segundo o testemunho de Papias de Hierápolis, "Mateus compôs uma coleção de oráculos em hebraico, e cada um os interpretou de acordo com suas capacidades" (NORELLI, 2005, fr. 5,16).

Nesse caso, no entanto, ao contrário de Marcos, a tradição não corresponde aos dados que coletamos ao examinar o Evangelho. É improvável que o autor de uma escrita tão rebuscada seja um ex-cobrador de impostos; além disso, temos a certeza de que não é uma tradução do hebraico (até agora as tentativas de uma retroversão para descobrir um original notório desaparecido são definitivamente abandonadas), mas de uma história escrita diretamente em grego; finalmente, se Mateus foi uma testemunha ocular dos fatos, por que aceitar o testemunho de Marcos, que não testemunhou isso? Sem mencionar a idade: Inácio o cita (provavelmente) por volta de 100 d.C., mas a referência à destruição de Jerusalém que pode ser vista em 22,7, bem como o clima de uma ruptura definitiva com o mundo judeu sugerem que a redação não seja anterior a 70. A tradição milenar não é inútil: provavelmente a base da narrativa de Mateus seja o testemunho do cobrador de impostos, que foi chamado por Jesus e se tornou seu discípulo; talvez ele já tivesse recolhido alguma coisa, como Papias de Hierápolis parece sugerir, ou talvez fosse simplesmente o ponto de referência na comunidade cristã do primeiro século em que um autor anônimo escreveu o Evangelho que então – obviamente – atribuía àqueles que estavam na origem da tradição do Evangelho. É um autor culto que se expressa em uma comunidade judaico--cristã da diáspora; já que ele é o único evangelista a citar a Síria e dado que Inácio de Antioquia é o primeiro a mencionar Mateus, os muitos autores modernos que veem a Síria no final do século I como o lar do primeiro Evangelho provavelmente estejam certos.

3

Evangelho segundo Lucas e
Atos dos Apóstolos

Embora separados em nossas bíblias, o Evangelho segundo Lucas e os Atos dos Apóstolos devem ser lidos juntos, como dois retábulos de um díptico, como duas partes de uma única obra literária (às vezes chamada de *Obra de Lucas*). "A unidade autoral desse complexo literário – escreve Marguerat (2011: 19) – foi reconhecida desde o século II, e nunca negada desde Irineu". Para ser preciso, nos últimos anos também há vozes opostas, que destacam os elementos de descontinuidade entre os dois volumes; a coleção de ensaios editada por Gregory e Rowe (2010) pode ser lida a esse respeito. No entanto, ainda existem muitas razões que nos convencem da importância de ler os dois volumes juntos.

Em primeiro lugar, há razões literárias: o vocabulário e a linguagem são muito semelhantes; também é respeitada a regra dada por Luciano de Samósata, formulada na segunda metade do século II d.C., no "manual" intitulado *Como escrever história*, segundo a qual quem escreve uma história em vários volumes deve começar a segunda recordando o início da primeira e criando como que uma dobradiça. Exatamente, o prólogo dos Atos refere-se ao prólogo do Evangelho e retoma os acontecimentos narrados na conclusão deste. Além disso, muitos autores apontam que existem elementos geográfico-simbólicos que unem os dois livros: o Evangelho começa e termina em Jerusalém (ao contrário dos outros três), exatamente onde começam os Atos; Além disso, tanto no Evangelho como nos Atos, há uma viagem para a Cidade Santa, de Jesus e de Paulo, respectivamente. Mas, mais do que tudo isso, o que também é importante, convence-nos da necessidade de também ler o Livro dos Atos como um dado de tipo narrativo: o início do Evangelho segundo Lucas apresenta algumas premissas-promessas que não podem ser cumpridas nem se desenvolvem se permanecermos nos limites do Evangelho; a promessa feita no início por Lucas, isto é, Jesus é a salvação para as nações, é cumprida apenas no final dos Atos – como mostra claramente o paralelo entre Lc 2,30-32 e At 28,28, que aprofundaremos mais tarde. Sem os Atos dos Apóstolos, aliás, o projeto teológico de Lucas permaneceria incompleto. Por isso, mesmo que o objetivo deste volume seja ler os quatro Evangelhos, não podemos desconsiderar os Atos. De fato, devemos dizer que, *precisamente porque* nossa intenção é explorar os Evangelhos, devemos também ler os Atos dos Apóstolos. Estes não são simplesmente a continuação do Evangelho segundo Lucas, no sentido de que aqueles que querem também podem se contentar somente com o Evangelho; antes, eles são uma parte fundamental do trabalho unitário concebido e escrito por Lucas, o evangelista: para aqueles que não os leem, falta algo essencial para a compreensão do terceiro Evangelho. Portanto, primeiro lemos o Evangelho e, mais rapidamente, o Livro dos Atos.

Prólogo (Lc 1,1-4)

Como um bom escritor helenístico, Lucas começa seu trabalho com um prólogo em um estilo oficial sofisticado, um tanto redundante. Provavelmente para um leitor culto do século I d.C. esses primeiros versículos pareciam normais porque era assim que os trabalhos históricos eram introduzidos; mas para nós, que lemos o início de Marcos ou o de Mateus, o prólogo de Lucas causa um efeito estranho. Não fala de fé, não há referências ao mundo judaico das Escrituras ou a possíveis ligações entre Jesus e o Antigo Testamento. De fato, nem Jesus nem Deus nem seu projeto são mencionados de forma alguma. É interessante notar isso do ponto de vista do estilo: Lucas se apresenta estendendo a mão ao mundo "secular" da época, mostrando imediatamente uma mente aberta. É também interessante no que diz respeito ao propósito do Evangelho: o evangelista declara imediatamente que escreveu para fortalecer os ensinamentos que Teófilo (seja este real ou fictício) já recebeu. Como ele pretende fazer isso? Contando de novo, mas à sua maneira, o que já aprendeu. Então, vamos seguir a história para ver quais são as escolhas de Lucas.

Jesus e João: superando as expectativas (Lc 1,5–4,13)

Como seus colegas já haviam feito, o terceiro evangelista também dedica o início de sua narrativa à apresentação do personagem principal, Jesus, e não o faz diretamente, como Marcos e Mateus; ele prefere nos dizer quem é Jesus por meio de uma comparação contínua (em grego: *sýnkrisis*) com outro personagem, João Batista. Lucas também narra episódios sobre a infância de João; não apenas como adultos, mas desde a infância os dois personagens são comparados. O esquema da narrativa é muito preciso e consiste em três paralelos:

- 1,5-56: anúncio do nascimento de João; anúncio do nascimento de Jesus; episódio extra: as duas mães se encontram.

- 1,57–2,52: nascimento de João, circuncisão e crescimento; nascimento, circuncisão, apresentação no Templo e crescimento de Jesus; episódio extra: Jesus aos 12 anos no Templo.

- 3,1–4,13: atividade de João adulto; batismo, genealogia e tentações do Jesus adulto.

Iniciemos com o primeiro paralelo. Se compararmos o que o anjo disse a Zacarias sobre João e o que disse a Maria sobre Jesus, percebemos que há uma enorme diferença entre os dois filhos: Jesus é o Senhor, João "apenas" aquele que prepara o seu caminho. Em ambos os casos, no entanto, o estilo de Deus é o mesmo, que é cantado por Maria no *Magnificat* (1,46-55): Ele é o Senhor da história, que leva os homens à salvação. Nessa amplitude se insere toda a passagem extra, o encontro das duas mães, completamente focada em Deus: Ele se lembrou [de seu povo] e decidiu intervir, como era previsível... Ele sempre fez assim.

A comparação insistente entre João e Jesus continua com os relatos paralelos do nascimento de ambos. João nasce e é uma festa: todos os vizinhos, parentes, os habitantes da região alegram-se com a família de Zacarias e Isabel porque sentem que

João não será uma criança comum. Quando Jesus vem ao mundo, no entanto, a cena é muito diferente. O quadro histórico é impressionante (e evidentemente exagerado): o imperador ordenou um censo de toda a terra; mas para José e Maria isso significa apenas mais um problema: eles devem descer de Nazaré a Belém e, assim, a criança nasce longe de casa. Nenhum parente ou vizinho celebra o menino; mas os anjos do céu intervêm com seus hinos de júbilo: a todos parece apenas uma criança enrolada em panos e deitada numa manjedoura, mas na realidade é "o Salvador, que é o Cristo, o Senhor" (2,11). Precisamos de uma voz do céu para podermos ir além da aparência; ou da iluminação do Espírito Santo, que move os passos e as palavras do velho Simeão. Seu cântico de louvor (2,29-32; também conhecido com as primeiras palavras em latim, *Nunc dimittis*) é a culminação teológica da história: Jesus não é apenas o salvador de seu povo, Israel; é mais: Ele é a luz que trará a revelação de Deus a todos os povos!

As promessas se mantiveram, portanto. João nasceu e todos preveem grandes coisas; e quando então inicia sua atividade (estamos no terceiro paralelo) prova ser precisamente aquele que fora prometido: o profeta do Altíssimo, aquele que prepara o Senhor para um povo bem-disposto (1,76). O mesmo acontece com Jesus: o batismo, a genealogia e as tentações trazem à tona que Ele também, já adulto, se manifesta conforme as promessas: o Filho do Altíssimo (1,12).

Em resumo, Lucas coloca, de um lado, uma comparação bastante próxima: há muitas coisas em comum, as duas crianças são duas "respostas" à mesma história feita de expectativas e promessas – mas em dois níveis diferentes! Aparentemente, o Batista parece maior; mas na realidade não há comparação entre ele e Jesus. Por outro lado, de fato, há um *crescendo*: Jesus é aquele que cumpre as expectativas de Israel no primeiro díptico; é a luz para iluminar as pessoas no segundo; Ele é o Filho de Deus no terceiro. Lucas começa assim sua narrativa: com uma grande introdução, em que reconecta "os fatos que entre nós se realizaram" (1,1) à história da salvação testemunhada no Antigo Testamento. O anúncio antes e depois do nascimento, como os primeiros passos adultos dos dois protagonistas, mostra que Deus está respondendo às súplicas de seu povo. Mas com uma resposta transbordante, exuberante, que vai além das próprias expectativas, que vai além das promessas. De fato, Jesus não é apenas um profeta, nem mesmo o maior; não é apenas o Messias, o redentor esperado por Israel; Ele é o próprio Filho de Deus, aquele que trará salvação a todos os descendentes de Adão (notamos que a genealogia em Mateus vai até Abraão, em Lucas remonta a Adão). Não apenas a história de Israel, portanto, mas a história do mundo inteiro está em um ponto crucial.

Jesus na Galileia: promessas mantidas e superadas (Lc 4,14–9,5)

Estávamos acostumados demais com o Evangelho segundo Mateus, tão preciso na alternância discurso-história, e, no fim das contas, também os primeiros capítulos de Lucas estavam bem ordenados na articulação interna graças aos três dípticos de comparação entre João Batista e Jesus. Fora dessas margens seguras, nos capítulos seguintes Lucas nos oferece pouquíssimos pontos de referência de um tipo formal e até mesmo os temas teológicos que emergem parecem mais rapsódicos do que ordenados. Também a delimitação da seção não é compartilhada por todos os estudiosos, ao menos no que se refere aos detalhes; há, no entanto, uma certa convergência em supor que entre 4,14 e 9,50 Lucas narre a atividade de Jesus na Galileia seguindo amplamente o esboço geográfico-cronológico de Marcos. Além da posição isolada de Osborne (2003), os autores recentemente concordaram na tese de que 9,51 seja o início de uma nova seção do Evangelho (a viagem a Jerusalém) e, portanto, a parte circunscrita à Galileia terminaria em 9,50; o desacordo está no ponto de partida: há quem o coloque em 4,14, quem o faça em 4,16 e quem ainda o insira no começo do capítulo 5. Vamos tomar 4,14 como início, já que o resumo inicial (4,14-15) e o episódio de Jesus em Nazaré (4,16-30) são uma introdução ao restante da seção e, portanto, devem ser lidos juntamente com ela.

De 4,14 a 9,50: seis capítulos; há tantos a serem mantidos juntos e o risco de nos reduzirmos a uma paráfrase é grande, visto que Lucas optou por não oferecer muitos elementos formais para articular internamente a seção. Temos de assumir esse risco em vista de uma primeira orientação dentro desses capítulos, com a intenção de deixar a descrição dos episódios o mais rápida possível em vista de atentar para as características da história de Lucas, que seguiu um pouco Marcos, um pouco Mateus (*i. e.*, a fonte Q), mas também elaborou um bocado por conta própria. Para nos levar aonde? Para nos convencer do quê? Essas são as perguntas que teremos de responder.

Comecemos com uma visão geral: O que diz Lucas na seção de seu Evangelho que se situa na Galileia? Inicialmente, ele narra em paralelo primeiro a visita a Nazaré e depois a Cafarnaum (4,14-44): em ambos os lugares, Jesus se revela, em palavras e ações, respectivamente; finalmente Ele sai de ambos os países: expulso de Nazaré, em meio ao arrependimento dos cidadãos de Cafarnaum. A partir de 6,19 Ele atravessa as aldeias da Galileia no que é um caminho triunfal: realiza todo tipo de milagres e uma crescente multidão se reúne ao seu redor; somente um grupo de oponentes o impede em todos os sentidos, enquanto todos os outros tentam tocá-lo "porque dele saía poder; e curava todos" (6,19). Após os milagres, Jesus dedicou-se ao ensinamento (6,20–7,10): primeiro com aquilo que é o paralelo com o discurso da montanha de Mateus (aqui, porém o discurso é feito em um lugar plano e de dimensões reduzidas), e, depois, por meio do exemplo instrutivo do centurião, um modelo de fé para todos. Ao contrário de Marcos, em Lc 7,11-50 já existem respostas para a pergunta "Quem é esse?" A multidão, por exemplo, diz: "Um grande profeta" (7,16), mas o fariseu que o acolhe em casa é de opinião contrária (7,39). Não é óbvio entender quem é Jesus, reconhecê-lo; Ele mesmo insiste nesse tema, dirigindo-se a seus discípulos (8,1-56): não basta ouvir seus ensinamentos, assistir a seus milagres, observar suas discussões com os fariseus. É preciso colocar em prática o que ouvimos: "Minha mãe e meus irmãos são aqueles que ouvem a Palavra de Deus e a praticam" (8,21). A última etapa da atividade na Galileia (9,1-50) é reservada aos discípulos: Ele não apenas os envia em uma missão, mas se transfigura diante deles e por duas vezes lhes preanuncia sua paixão-morte-ressurreição.

Observando Lc 4–9 encontramos, portanto, episódios muito variados: tanto milagres e instruções, para os discípulos ou para os adversários ou para todos, sobre todo tipo de questão e situação. O que mantém unidas todas essas passagens? Em um primeiro nível de aprofundamento, ainda descritivo, notamos que todos têm Jesus como protagonista e se localizam na Galileia e arredores. Até agora nada diferente de Marcos e Mateus. Aprofundando ainda mais percebemos que cada episódio revela algo sobre Jesus, direta ou indiretamente, da boca de Jesus ou de alguns dos personagens que o conhecem. Com exceção da passagem que narra a transfiguração, agora não há mais anjos ou outros tipos de intervenção divina, como nos primeiros capítulos; mas o que Jesus faz e diz revela quem Ele é. Em detalhe: Ele tem autoridade sobre espíritos imundos; Ele pode curar; tem autoridade para perdoar pecados; veio para chamar pecadores à conversão; é o noivo; o novo; é o Senhor do sábado; dele emana uma força curativa; Ele tem uma moralidade própria, que pede para ser observada; pode curar mesmo sem presença física; ressuscita os mortos; realiza as obras do Messias; perdoa pecados; comanda os ventos e o mar; age em nome de Deus; tem poder sobre a morte; multiplica os pães. Essa lista entediante reflete a ordem em que as declarações estão contidas na história: tesselas de um mosaico aparentemente arranjado sem uma ordem específica; uma das afirmações mais importantes, por exemplo, é feita já no capítulo 5 (Jesus pode perdoar pecados, uma ação reservada ao próprio Deus: 5,17-26).

Mas podemos aprofundar ainda mais a discussão, perguntando-nos: Quem percebe todas as "revelações" que caracterizam esses capítulos? Certamente não as pessoas que se encontram com Jesus; todos vivem isolados em seu próprio episódio, sem demonstrar que Ele "aprendeu" com os eventos anteriores. No capítulo 7, por exemplo, o centurião demonstra um nível muito alto de fé porque ele acredita que Jesus pode curar mesmo sem precisar estar fisicamente presente (7,1-10); mas, um capítulo depois, a hemorroíssa ainda sente a necessidade de tocá-lo para ser curada (8,40-56). Nem mesmo os discípulos chegam a um entendimento completo: duas vezes Jesus declara que tem autoridade para perdoar pecados e ainda assim eles não o reconhecem como Filho de Deus. Talvez nenhum dos personagens de Lc 4–9 tenha o quadro maior, os únicos beneficiários de tudo o que se diz sobre Jesus nesses capítulos é o leitor! Podemos ler os episódios na sequência e mantê-los unidos; é importante encontrar uma chave de leitura, mas para isso devemos retornar ao início da seção, isto é, ao episódio de Nazaré (4,16-30).

Fé

A principal intenção de Lucas nesta parte do Evangelho é cristológica: ele quer nos mostrar quem é Jesus, como Ele se revela. É o próprio Jesus que, no entanto, progressivamente traz outro tema: a fé. Lucas o aborda contando a história de quatro personagens (indivíduos ou grupos): o paralítico e os homens que o acompanham (5,17-26), o centurião (7,1-10), a mulher perdoada (7,36-50), Jairo e a hemorroíssa (8,40-56). Para os detalhes, gostaria de me referir à minha tese de doutorado (BROCCARDO, 2006) e resumir aqui uma parte das conclusões. Na primeira passagem ninguém conhece a fé dos homens portadores do paralítico, senão apenas Jesus que, "vendo-lhes a fé, disse ao paralítico: 'Homem, estão perdoados os teus pecados'" (5,20); poderia ser o mesmo também para o centurião, mas desta vez Jesus quer que sua fé seja conhecida de todos e "voltando-se para o povo que o acompanhava, disse: 'Afirmo-vos que nem mesmo em Israel achei fé como esta'" (7,9); o terceiro episódio continua a progressão, no sentido de que Jesus torna explícito o valor salvífico da fé quando diz à mulher: "A tua fé te salvou" (7,50); finalmente, para Jairo, Ele pede a mesma fé que é matriz da salvação: "Não temas, crê somente, e ela [tua filha] será salva" (8,50). Os capítulos 4-9 de Lucas, assim, apresentam a ação de Jesus que traz a salvação; mas isso não é como o maná caído do céu: requer a colaboração daqueles que se encontram com Jesus. Lucas não insiste tanto nesse aspecto, está mais preocupado em nos fazer conhecer Jesus; mas, nas entrelinhas, nos permite perceber que a salvação de Jesus não se realiza sem a colaboração dos personagens do Evangelho.

Intuímos que, para Lucas, essa passagem é a chave para entender a seguinte pelo simples fato de a colocar forçadamente como o primeiro episódio da vida pública de Jesus, deslocando-a em relação à ordem de Marcos e Mateus (que é a mais confiável historicamente; compreende-se também a partir da incongruência de Lc 4,23): de acordo com Lucas, imediatamente após as tentações no deserto, Jesus vai para a Galileia e vai diretamente para Nazaré; entra na sinagoga, lê o profeta e começa a explicação. No início, tudo corre bem, quando Ele diz: eu sou o Messias porque em mim se cumpriram as promessas do Profeta Isaías; mas depois tudo termina mal quando Ele se opõe à tentativa de privatização por seus concidadãos. Eles queriam manter o Messias só para si ("Médico, cura-te a ti mesmo", diz o ditado); mas Jesus é uma fonte de água pura que não pode ser contida, uma torrente de vida que não pode ser tratada de qualquer jeito. Em Nazaré, portanto, desde o início de sua atividade pública, Jesus declara que é Ele quem satisfaz as expectativas, mas também as supera, um pouco como ocorrera nos capítulos anteriores.

Essa dimensão de cumprimento-superação caracteriza os capítulos 4-9, que declinam narrativamente o episódio de Nazaré. Por um lado, de fato, Jesus realiza as obras do Messias prometido na sinagoga, como sugere sua resposta aos mensageiros de João Batista: "Ide e anunciai a João o que vistes e ouvistes: os cegos veem, os coxos andam, os leprosos são purificados, os surdos ouvem, os mortos são ressuscitados, e aos pobres, anuncia-se-lhes o Evangelho" (7,22). Por outro lado, Jesus faz muito mais do que se esperava do Messias! Ele faz coisas reservadas a Deus, como perdoar pecados e dominar a natureza. E ainda não permite que os desejos ou os esquemas do povo se aproveitem dele: apesar das súplicas, deixa os habitantes de Cafarnaum (4,31-44) e decepciona a visão estreita do fariseu que o hospeda em casa (7,36-50). Assim, portanto, Lucas narra a atividade de Jesus na Galileia: não como um ponto de chegada, mas como uma nova partida. Atenção, porque sob diferentes formas, encontraremos a mesma lógica também nos capítulos seguintes.

Jesus viajando para Jerusalém: um caminho complexo (Lc 9,51–19,44)

Se não foi fácil encontrar uma estrutura interna para a atividade de Jesus na Galileia, a coisa fica mais difícil com a seção seguinte: a viagem para Jerusalém (9,51–19,44). Algumas dificuldades também surgem para a delimitação. Vimos que não há dúvida entre os especialistas sobre o início do itinerário em 9,51; permanece alguma incerteza sobre onde concluí-lo, já que a entrada de Jerusalém na versão lucana é um pouco complexa: iniciada a descida do Monte das Oliveiras, Jesus se detém e fala à Cidade Santa, então entra no Templo e imediatamente expulsa os vendilhões. Talvez valha a pena nos deter sobre quando Jesus chora sobre a cidade (19,44), pois com o seguinte versículo Ele entra no Templo e a partir de então este torna-se o lugar de seu ensinamento. Tomemos, então, como extremos Lc 9,51–19,44, dez capítulos abundantes. São realmente muitos, sobretudo se considerarmos que em Marcos a viagem inteira dura de 8,27 a 10,52. Obviamente, Lucas prefere estruturas amplas e não muito definidas.

De fato, se procurarmos dentro da viagem elementos formais que nos permitam distinguir algumas subseções, ficaremos desapontados. Aparentemente isso não faz parte do estilo de Lucas. O único elemento formal significativo é o fato de destacar por quatro vezes que Jesus está indo para Jerusalém:

• "Manifestou, no semblante, a intrépida resolução de ir para Jerusalém" (9,51).

• "Passava Jesus por cidades e aldeias, ensinando e caminhando para Jerusalém" (13,22).

• "De caminho para Jerusalém, passava Jesus pelo meio de Samaria e da Galileia" (17,11).

• "Prosseguia Jesus subindo para Jerusalém" (19,28).

Mais de quatro marcadores, colocados para delimitar quantas seções (não há outros elementos de confirmação), são quatro repetições que lembram o leitor de onde Ele está. Em sua história, de fato, Lucas dá pouca atenção às etapas da viagem, tanto que não é possível delinear o caminho; somente quando alguém chega em Jericó, a geografia se torna um pouco mais precisa. Aqui, então, é que de vez em quando que ele reitera: não se esqueça que Jesus está indo para Jerusalém. Mas por que tanta importância para a viagem? Por que manter tantos episódios da vida de Jesus juntos sob esse mesmo chapéu? Quanto à seção anterior, antes de tentar algumas reflexões, vamos dar uma olhada panorâmica nos capítulos.

Os primeiros versículos são uma introdução: Jesus assegura que age seriamente, quem quiser segui-lo deve saber que não será fácil e quem não acolher os seus discípulos será tratado com severidade (9,51–10,24). Então começa uma série de ensinamentos: o primeiro sobre o amor ao próximo, com a famosa Parábola do Bom Samaritano e o episódio de Marta e Maria (10,25-42); o segundo, sobre a oração (o Pai-nosso: 11,1-13). Surge a hostilidade para com Jesus, que começa a falar da morte (11,14-54), e nesse contexto o ensino continua: com reflexões que antecipam o discurso escatológico, Ele reitera que o essencial é confiar em Deus (12,1–13,21). De 13,42 a 17,10 o tema é a salvação: alguém quer saber se são poucos os que se salvam e Jesus diz que a porta é estreita e não permanecerá aberta para sempre: é necessário aproveitar o momento (*i. e.*, crer nele). O que fazem os pecadores? Eles se apegam a Ele; escribas e fariseus murmuram, proporcionando a oportunidade para as "parábolas da misericórdia": a ovelha e a dracma perdida e depois reencontradas, o filho perdido e reencontrado (o "filho pródigo"). A imagem se completa pelas duas parábolas do capítulo 16: o administrador desonesto e o rico epulão. Os fariseus querem saber quando o Reino de Deus virá e Jesus aproveita a oportunidade para um novo ensinamento (17,1–18,34): "o Reino de Deus está entre vós" (17,21), mas ingressar nesse reino não é algo automático. Nem todos reconhecem Jesus: apenas um dos dez leprosos curados volta para agradecer e os ricos notáveis não querem se tornar seus discípulos; entrar no reino requer a constância da viúva e a humildade do publicano (duas outras famosas parábolas). Concluímos a longa viagem com a parada em Jericó (18,35–19,44): aproximando-se da Cidade Santa, Jesus deixa claro que tipo de Messias Ele é: "o Filho do Homem veio buscar e salvar o que estava perdido" (19,10) e ingressa pacificamente em Jerusalém. Mas suas escolhas não são benquistas. 107

Como se pode ver, há muito material nesses capítulos, ainda mais diversificado do que o da parte ambientada na Galileia; mas não se trata de um simples acúmulo de elementos: notamos pelo menos dois destaques recorrentes.

O primeiro: "A seção revela-se dotada de uma visão teológica unitária de grande força. Enquanto na seção anterior, quando se falava do reino, destacava-se a sua irrupção em curso por dos gestos salvíficos de Jesus, agora começa-se a falar de como esse reino ainda está distante [...]. É perceptível o deslocamento do 'já' para o 'ainda não'" (FUSCO, 1988: 849). Em certo sentido, poderíamos dizer que a viagem é a parte mais "mateana" do Evangelho segundo Lucas, aquela em que se enfatiza – o uso da terminologia da Parábola do Administrador Desonesto (16,1-8) – que é necessário ocupar-se para que alguém nos acolha nas moradas eternas. Isso pode ser intuído desde as primeiras palavras da seção, que traduzidas literalmente podem soar assim: "E aconteceu que, ao se completarem os dias em que devia Ele ser tirado do mundo, Jesus endureceu o rosto para ir para Jerusalém" (9,51). Jesus está ciente de que a hora de sua morte-ressurreição está próxima e fica mais sério: não há mais espaço para a alegria que caracterizou as histórias da infância, nem para a serenidade da Galileia.

Com esse pano de fundo, Jesus é pintado com as nuanças da amargura enquanto conscientemente se encaminha para a morte. No meio da jornada Ele diz: "Não é possível que um profeta morra fora de Jerusalém", e imediatamente acrescenta: "Jerusalém, Jerusalém, que matas os profetas e apedrejas os que te foram enviados! Quantas vezes quis eu reunir teus filhos como a galinha ajunta os do seu próprio ninho debaixo das asas, e vós não o quisestes!" (13,33-34). Mais adiante, "Quando ia chegando, vendo a cidade, chorou e dizia: 'Ah! Se conheceras por ti mesma, ainda hoje, o que é devido à paz! [...] Pois sobre ti virão dias em que os teus inimigos te cercarão de trincheiras [...] porque não reconheceste a oportunidade da tua visitação" (19,41-44). Particularmente significativo é o verbo "visitar": Deus "visitou seu povo", disse Zacarias (1,68), e os habitantes de Naim repetiram as mesmas palavras, depois de verem um morto ressuscitado (7,16); agora Jesus diz: a tentativa falhou, o povo não aceitou a visita de Deus (na pessoa de Jesus).

Outro detalhe que reafirma o clima extremamente tenso: não só existem muitas controvérsias, mas também acontece que alguns episódios da primeira parte do Evangelho são "repetidos", mas com tom decididamente mais dramático. No capítulo 5, por exemplo, nem era necessário que Jesus chamasse Pedro e os outros com Ele: depois da pesca milagrosa, deixaram espontaneamente tudo na margem e começaram a segui-lo (5,1-11); agora, ao contrário, o rico notável a quem Jesus diz "Vem e segue-me" prefere manter suas riquezas sólidas em vez de o seguir (18,18-23). Outro exemplo, ainda mais claro: quando Jesus vai à casa de Levi (5,27-32), são apenas os escribas e fariseus que murmuram contra Ele; já agora, quando vai à casa de Zaqueu (19,1-10), a cena é pior: "Todos os que viram isto murmuravam, dizendo que Ele se hospedara com homem pecador" (19,7).

Essa é, portanto, uma primeira característica recorrente: a situação está definitivamente deteriorada em comparação com os capítulos ambientados na Galileia; uma segunda característica diz respeito ao modo como Lucas recolhe os ensinamentos de Jesus espalhados nesses capítulos. Ao contrário de Mateus, que era bastante preciso, para dizer o mínimo, Lucas parece fazer de tudo para nos impedir de compreendê-los plenamente. Ou melhor: ele continuamente repete que o ensinamento de Jesus é complexo, não pode ser simplificado demais. Um exemplo é Lc 10,25-42: um escriba interroga Jesus sobre o que é necessário *fazer* para herdar a vida eterna, e Ele responde com a Parábola do Bom Samaritano, que conclui dizendo: "Vai e *faze* o mesmo". Para ter a vida é importante *fazer*. Mas imediatamente há o episódio de Marta e Maria, que parece dizer o contrário: se há algo realmente necessário, isso é ouvir a palavra de Jesus. Qual seria, então, a coisa mais importante?

Outro exemplo: Os capítulos 15-16 começam com as chamadas "parábolas da misericórdia". O enredo é conhecido: o pastor que perdeu a ovelha vai procurá-la, assim como a mulher que perdeu a dracma; o pai que perdeu seu filho e que o aguarda ansiosamente e, quando o vê aparecer no horizonte, corre em sua direção e nem sequer presta atenção ao pedido de desculpas, mas imediatamente lhe oferece o melhor. Mas o administrador desonesto deve se dedicar, se ele quiser que alguém o receba em sua casa, agora que o mestre o demitiu; e o rico que nunca deu uma migalha para o pobre Lázaro ouvirá, quando na vida após a morte puder falar com Abraão: "Tarde demais, devias ter feito isso antes". Qual é o rosto da misericórdia de Deus? A ovelha, o filho, o administrador e os ricos recebem tratamentos claramente diferentes um do outro... Contradição entre as passagens? Melhor dizer que elas se limitam mutuamente. Lucas é assim: ele evita a todo custo ser definitivo; aborda a complexidade da vida com um ensinamento que não é simples. Não é contraditório, mas complexo.

Talvez seja precisamente a complexidade que mantém unida essa grande seção do Evangelho segundo Lucas: aqueles que leem os capítulos da viagem de Jesus a Jerusalém percebem que não é fácil entrar no reino, acolher o Messias Jesus; não é fácil entender seu ensinamento. Isso porque, com sua pessoa, Jesus cumpre as expectativas (de Israel e do leitor), mas também as supera.

Jesus em Jerusalém: esperança em um novo começo (Lc 19,45–24,53)

Durante dez longos capítulos, a cidade de Jerusalém permaneceu constantemente no horizonte; finalmente Jesus a alcança, com seus discípulos a reboque. E nem Ele nem os seus a deixarão até o fim do Evangelho: Lucas, de fato, coloca aqui também todas as aparições do Ressuscitado. Por essa razão fundamental, mantemos unidos esses cinco capítulos, todos na mesma cidade. Dentro desses capítulos podem reconhecer-se três partes: 19,45–21,38; 22,1–23,56; 24,1-53.

Uma primeira parte, que vai de 19,45 a 21,38, é dedicada ao ensinamento de Jesus no Templo e é muito semelhante à narrativa de Marcos: primeiro, Jesus se defende contra os ataques dos líderes do povo e propõe o discurso escatológico. Tudo se mantém unido por uma inclusão:

• "Diariamente, Jesus ensinava no Templo; mas os principais sacerdotes, os escribas e os maiorais do povo procuravam eliminá-lo; contudo, não atinavam em como fazê-lo, porque todo o povo, ao ouvi-lo, ficava dominado por Ele" (19,47-48).

• Jesus ensinava todos os dias no Templo, mas à noite, saindo, ia pousar no monte chamado das Oliveiras. E todo o povo madrugava para ir ter com Ele no Templo, a fim de ouvi-lo" (21,37-38).

Esse sumário, que funciona como moldura, é uma interpretação muito interessante: na verdade, em poucas palavras, permite-nos perceber duas características da narrativa de Lucas que então emergem claramente de uma passagem para outra.

A primeira: as controvérsias são as mesmas de Marcos e Mateus, mas muda o grupo de adversários contra os quais Jesus compete: os escribas continuam, mas os fariseus desaparecem e os chefes dos sacerdotes e do povo são acrescentados (*i. e.*, a aristocracia sacerdotal, da qual os saduceus fazem parte). A nova entrada é lógica: Jesus faz gestos imprudentes (persegue os vendilhões) e começa a pregar sob os pórticos do Templo, obviamente os responsáveis por sua administração sentem-se questionados. Mas é curioso que os fariseus tenham desaparecido: até agora eles tinham sido os principais inimigos. É interessante notar a coincidência: sua saída da cena corresponde a um endurecimento dos tons. De fato, os fariseus nunca tinham planejado matar Jesus, em duas ocasiões talvez até tentassem salvar sua vida (13,31 e 19,39); os principais sacerdotes, em sua primeira aparição, já não têm dúvidas (19,47).

Um segundo elemento que caracteriza a trama de Lucas, nesses primeiros capítulos em Jerusalém, é a presença constante do povo. A primeira controvérsia, por exemplo, é desencadeada pelos líderes "estando Jesus a ensinar o povo no Templo e a lhes dar o alegre anúncio" (20,1); e então Jesus, depois de rejeitar o ataque, "começou a proferir ao povo esta parábola: Certo homem plantou uma vinha" (20,9). As pessoas estão sempre ao redor de Jesus, Lucas sublinha várias vezes: como uma plateia entusiasmada pelo mestre (o discurso escatológico é dirigido a elas) e como um obstáculo aos planos dos líderes. Aqui está o que o evangelista escreve imediatamente após a Parábola dos Vinhateiros Homicidas: "os escribas e os principais sacerdotes procuravam lançar-lhe as mãos, pois perceberam que, em referência a eles, dissera esta parábola; mas temiam o povo" (20,19). Jesus é claramente estimado pelo povo, tanto que Ele pode criticar publicamente a conduta dos escribas e desqualificar as ricas ofertas dos nobres em duas palavras (20,45-21,4); mas sem nunca chegar ao nível dos sete "ais" de Mt 23.

A situação mudará em breve, mas por enquanto Lucas é mais positivo do que os paralelos de Mateus e Marcos, como se percebe de duas ênfases conjuntas: nem todos os líderes do povo são contra Jesus (faltam os fariseus) e as multidões estão todas com Ele. Nesse clima, até o discurso escatológico expressa mais (comparado a Marcos e Mateus) o tom de esperança: "Ora, ao começarem estas coisas a suceder, exultai e erguei a vossa cabeça; porque a vossa redenção se aproxima", disse Jesus; e depois acrescenta: "Assim também, quando virdes acontecerem estas coisas, sabei que está próximo o Reino de Deus" (21,28.31). Ao longo da viagem Jesus foi muito severo, revelou toda a dificuldade necessária para entrar no reino. Agora que os dias do drama se aproximam, para si e para os seus, Ele não ignora o registro da esperança.

Sem precisar mudar o tom, vamos passar para a segunda parte da atividade em Jerusalém: os relatos da paixão e morte de Jesus (22,1–23,56). Também no que se refere a esses capítulos é fácil notar que Lucas narra os mesmos eventos de Marcos (e de Mateus) e na mesma ordem: não é necessário, portanto, que os repercorramos em detalhes. Apenas notamos a especificidade da narrativa de Lucas, destacando três elementos.

O primeiro é a persistência de uma constante veia de esperança, a mesma que já havia caracterizado os capítulos anteriores. A situação é certamente dramática: "Esta, porém, é a vossa hora e o poder das trevas" (22,53), disse Jesus àqueles que o capturaram. Mas nessa mesma hora resplende toda a grandeza de Jesus! Durante o interrogatório diante do conselho dos anciãos do povo, várias vozes narrativas dizem quem Ele é: o Cristo, o Filho do Homem, o Filho de Deus (22,66-71). E então Pilatos, um representante da autoridade pagã, repete três vezes que Jesus é inocente, que não encontrou nada de errado nele (23,14–24,22); da mesma opinião é também o Rei Herodes, conforme relatado em 23,15.

No entanto, o reconhecimento formal de Pilatos não é sufi-

ciente: os poucos inimigos conseguem guiar os eventos e se chega à a morte de cruz. Mas nem mesmo aqui a esperança desaparece; na narrativa de Lucas, de fato, cada categoria de pessoas que participaram ativamente da crucificação é reabilitada por alguns de seus membros. Os líderes do povo fizeram tudo para ver Jesus morto; mas no final aparece José de Arimateia, um membro do Sinédrio que não concordou com a decisão do grupo e se ocupa com o enterro. Também o povo seguiu seus líderes e gritou: "Crucifica-o"; mas, depois da morte, a multidão volta batendo no peito em sinal de arrependimento. Os soldados zombaram de Jesus, mas agora um deles reconhece que Ele era um homem justo. Um dos dois malfeitores insulta o Crucificado, mas o outro confia nele. Para todos há esperança, inclusive para os discípulos: embora ausentes, há "as mulheres que o seguiram desde a Galileia" (23,49); permanecem distantes, mas pelo menos resistiram até o fim.

A oração

Lucas foi chamado por muitos de "evangelista da oração", já que esse tema surge várias vezes no seu Evangelho e ainda mais no Livro dos Atos; essa informação é corroborada pelo acúmulo de estudos monográficos produzidos nos últimos anos (para um ótimo *status quaestionis*, cf. FÖRSTER, 2007: 2-21). Permanecendo no arco do Evangelho, mais do que uma verdadeira catequese, temos de Jesus alguns ensinamentos dispersos, como o Pai-nosso no capítulo 11 e a Parábola da Viúva no capítulo 18. Nessas páginas, Jesus insiste muito na confiança que tem em relação a Deus, que ensina a chamar de Pai. Exatamente como Ele, o mestre, fazia: como somente Lucas nos lembra, quando Deus faz sua voz ser ouvida no Batismo e na Transfiguração, Jesus estava orando; e, enquanto na Galileia muitas controvérsias questionam seu relacionamento com Deus (acusam-no de não respeitar a Lei), Ele passa longas noites em oração diante de seu Pai. É esse relacionamento contínuo e normal com o Pai que o sustentará até o final. Durante a agonia no Monte das Oliveiras e na cruz antes de morrer, Jesus poderá continuar sua oração habitual e invocar Deus chamando-o de "Pai".

Uma segunda característica é que Lucas está mais atento à dimensão pessoal do que os outros ao impacto que esses fatos tiveram sobre a pessoa de Jesus e os discípulos. Já vimos Jesus chorar por Jerusalém, um detalhe que somente nosso evangelista relata; agora nós o encontramos manifestando seu mais profundo estado de espírito aos seus discípulos: "Eu desejei ardentemente comer convosco esta Páscoa" (22,15). Somente Lucas, então, enfatiza um detalhe da relação entre Jesus e os discípulos: "Vós sois os que tendes permanecido comigo nas minhas provações" (22,28), Jesus lhes diz durante a ceia. Quais provações? O restante do Evangelho nunca havia sublinhado esse aspecto: os discípulos apoiavam Jesus, nas muitas ocasiões em que Ele foi testado por seus adversários. Em particular, estabeleceu-se uma relação de confiança com Pedro: Jesus ora por Ele, para que sua fé não desfaleça; Ele sabe que Pedro o negará, mas ora para que, após o erro, ele possa retornar e ainda consolidar a fé dos outros. Depois da negação, outro particular de Lucas: Jesus se vira e olha para Pedro; então ele se lembra e começa a chorar. A paixão faz emergirem os laços profundos.

Um terceiro elemento a ser destacado, brevemente, reúne os dois anteriores. A paixão segundo Lucas testa os laços profundos e mantém abertos vislumbres de esperança, como vimos. As duas coisas estão incrivelmente unidas no relacionamento que liga Jesus a Deus, chamado nesses capítulos com o nome de pai. Quando se afastaram os discípulos que quis próximos de si, quando a autoridade que o reconheceu inocente lavou as mãos, quando os inimigos mais agressivos puderam agir livremente, enfim: quando em torno de Jesus se fez um grande vazio, Ele encontra a presença consoladora de Deus, o Pai, e nele confia. Lucas nos acostumou a ver Jesus que se aposenta em oração, à noite, face a face com o Pai; agora essa presença o sustenta; agora, ao morrer, Ele pode dizer: "Pai, nas tuas mãos entrego o meu espírito" (23,46).

A terceira e última parte da estada de Jesus em Jerusalém (24,1-53) é a mais original, no sentido de que Lucas não apenas reelabora Marcos (as mulheres no sepulcro), mas continua de uma maneira diferente de Mateus (não há encontros com os ressuscitado na Galileia). Lucas relata três episódios, todos ambientados em

Jerusalém (e arredores), todos ocorridos no mesmo dia: de manhã, as mulheres vão ao sepulcro e o encontram vazio (24,1-12); no mesmo dia os dois discípulos de Emaús caminham com Jesus, até o cair da tarde, quando o reconhecem e Ele desaparece (24,13-35); eles imediatamente retornam a Jerusalém para encontrar os outros discípulos e eis que Jesus aparece a todos, reunidos, e então, do Monte das Oliveiras, se eleva ao céu (24,36-53). A história força um pouco a cronologia dos acontecimentos e, de fato, para o final do episódio de Emaús e tudo o que segue Lucas não dá mais indicações sobre o tempo; talvez fosse um pouco difícil imaginar os dois discípulos retornando a Jerusalém no meio da noite e depois todo o grupo que, sempre de noite, sai ao monte e testemunha Jesus subindo ao céu. Por que forçar tanto assim a história a ponto de compactar tudo em um único dia? Além disso, mesmo no que diz respeito aos personagens, há grande unidade no capítulo: as mulheres, protagonistas do primeiro episódio, também estão presentes no segundo – ainda que apenas nas palavras dos discípulos de Emaús; os últimos, então, que são os protagonistas da passagem central, juntam-se ao grupo dos onze e a todos os outros presentes na terceira narrativa. Podemos aprofundar ainda mais, observando que ao longo do capítulo 24 há somente os discípulos (incluindo mulheres) com Jesus; Lucas omite os guardas no túmulo ou os líderes do povo, presentes, por sua vez, em Mateus e torna todo o capítulo "reservado" à experiência do Ressuscitado feita por seus discípulos. Então a questão retorna: Por que criar tanta unidade (de tempo, espaço e personagens) nesse último capítulo? Vamos dar uma resposta prática: manter unidos os três eventos que são contados. Afinal, se olharmos para o esquema das três histórias, percebemos que são os mesmos fatos narrados três vezes.

Os personagens mudam, é claro (embora permanecendo no grupo daqueles que seguiram a Jesus); e sua situação inicial também é diferente: as mulheres no túmulo não encontram Jesus, mas apenas dois anjos; os discípulos de Emaús, em vez disso, encontram-no, mas não o reconhecem; finalmente todos os discípulos reunidos encontram Jesus e imediatamente o reconhecem. As três passagens começam de maneira diferente, mas terminam da mesma maneira: o Jesus ressuscitado não está mais lá! Com as mulheres, Ele nunca esteve; com os discípulos de Emaús, no entanto, quando eles o reconhecem, desaparece; mesmo no final, quando todos estão reunidos, Jesus por um tempo os entretém, mas depois sobe para o céu. O ponto de partida, portanto, é diferente, mas o ponto de chegada é o mesmo: os discípulos não mais desfrutam da presença física de Jesus no meio deles. E, no entanto, não caem no desespero: as mulheres voltam para avisar os outros, os dois de Emaús o fazem com os corações ardendo no peito, todos os outros voltam para as cidades cheios de alegria. É a situação que encontraremos no começo dos Atos.

Refletindo novamente sobre o esquema das três narrativas, notamos outra semelhança: todos os três grupos de personagens recebem um ensinamento. As mulheres continuam perturbadas com a visão do túmulo vazio, até que dois anjos lhes dizem: "Ele não está aqui, mas ressuscitou. Lembrai-vos de como vos preveniu, estando ainda na Galileia, quando disse: 'Importa que o Filho do Homem seja entregue nas mãos de pecadores, e seja crucificado, e ressuscite no terceiro dia'" (24,6-7). Para os dois de Emaús, o próprio Jesus "começando por Moisés, discorrendo por todos os Profetas, expunha-lhes o que a seu respeito constava em todas as Escrituras" (24,27). Finalmente, para todos aqueles que estavam reunidos em Jerusalém, Jesus "lhes abriu o entendimento para compreenderem as Escrituras" e começou uma explicação por meio da Lei, os Profetas e os Salmos (24,45). Não é suficiente saber que Jesus ressuscitou: é necessário conhecer o sentido de sua vida, morte e ressurreição para conseguir inseri-lo no projeto de Deus, na história da salvação. Isso também ocupará o Livro dos Atos: os discípulos não apenas anunciando, mas também explicando.

Em Jerusalém, naquele dia depois do sábado, algo novo começou. Não se trata de uma notícia imprevista: ao relatar as disputas e ensinamentos de Jesus no Templo, assim como durante a paixão, Lucas sempre manteve a porta aberta para a esperança. Agora a serenidade floresce, como nos dias da Galileia; a alegria retorna, como nos dias da infância. Não, não porque Jesus ainda faça algo, é o último milagre que muda tudo... Seu tempo acabou e Ele sobe ao céu; agora a esperança assume a fisionomia da comunidade cristã que, a partir de seus discípulos, voltará à vida em Jerusalém. Eles serão os únicos a trazer o anúncio de que Jesus está vivo, para contar e explicar, nos longos discursos dos Atos, o significado de sua vida, morte e ressurreição. Eles serão aqueles que, com suas vidas, ainda estarão presentes, como veremos. O Evangelho terminou e a profecia de Simeão ainda não foi cumprida: a luz de Jesus ainda não brilhou sobre todos os povos. O Evangelho está terminado, mas a história de Lucas não: vamos ler o Livro dos Atos e saberemos como a luz de Cristo partirá de Jerusalém e se irradiará até os confins da terra.

Passagem do primeiro para o segundo volume (At 1,1-14)

Antes de começar a ler o Livro dos Atos, é necessário dispender um pouco de tempo a algumas premissas. A primeira – sobre a unidade do Evangelho e dos Atos – já vimos acima. A segunda diz respeito ao nome do livro e, consequentemente, ao gênero literário. A partir do final do século II, graças especialmente a Irineu, o título "Atos dos Apóstolos" se espalhou, na esteira dos escritos greco-romanos que contavam as histórias de homens ilustres que batizavam seus volumes de *acta* ou *praxeis*. Como termo, é um pouco impreciso, porque o volume conta a história não só dos apóstolos, mas também de muitos outros personagens e grupos de crentes do início do movimento cristão. Marguerat chama isso de "uma história da origem", no sentido de que "Lucas quer oferecer ao cristianismo de sua época uma memória que fixe sua identidade" (MARGUERAT, 2011: 27). É claro que não devemos esperar uma versão exaustiva das origens cristãs: apesar de ser histórico, o Livro dos Atos é um relato altamente teológico – então Lucas toma apenas alguns lampejos das origens cristãs e os relata (ele não diz nada, p. ex., sobre as comunidades do Egito ou da Síria); talvez por não ter dados, talvez por escolha, no entanto, narra aqueles episódios que lhe permitem mostrar o princípio e fundamento da Igreja, sua identidade. Uma terceira e última premissa diz respeito ao texto dos Atos. Já para o Evangelho segundo Lucas há uma tradição textual que contém várias variantes, o chamado texto ocidental (presente, p. ex., no *Codex Bezae* do quinto século,

117

em algumas traduções latinas, muitas vezes também no trabalho de Marcião); no que tange os Atos, é um texto que é 8,5% maior do que os outros manuscritos! Não é pouca coisa. Não faltam estudos sobre esse assunto; no entanto, uma solução para o problema ainda não foi alcançada, então tomaremos como base o texto "clássico", o chamado Alexandrino, ao qual as principais edições críticas modernas se referem.

Iniciemos a ler o texto desde o princípio: "Escrevi o primeiro livro, ó Teófilo, relatando todas as coisas que Jesus começou a fazer e a ensinar até ao dia em que, depois de haver dado mandamentos por intermédio do Espírito Santo aos apóstolos que escolhera, foi elevado às alturas" (At 1,1-2). Assim, Lucas começa o Livro dos Atos: resumindo todo o Evangelho em dois versículos. Depois, abandona a forma literária do prólogo e, a partir do versículo 3, começa, de uma maneira um tanto abrupta, a narrativa do segundo volume: o versículo 3 ainda é um resumo de Lucas, mas apenas do capítulo 24; os versículos 4-11, por sua vez, restringem ainda mais o campo e relatam novamente os fatos já narrados em Lc 24,44-53; finalmente os versículos 12 a 14 descrevem o plano de fundo no qual se movem os primeiros personagens do livro. Valioso é o artifício literário com o qual Lucas liga o segundo volume ao primeiro, resumindo-o em círculos concêntricos cada vez mais estreitos. Mas não se trata de um simples resumo, apenas para resumir a situação para aqueles leitores que eventualmente querem começar aqui; de todo o Evangelho, o que conta para Lucas é o tempo: o Evangelho dizia respeito aos dias que Jesus passou na terra, os Atos, por sua vez, vão da ascensão em diante. Jesus não será mais o protagonista da história, Ele deixará o espaço para os outros, aqueles que Ele mesmo preparou antes de subir ao céu.

Nesses primeiros versículos já existem os elementos fundamentais dos Atos; Jesus ressuscitado prepara seus apóstolos e lhes dá instruções, explica o projeto: "recebereis poder, ao descer sobre vós o Espírito Santo, e sereis minhas testemunhas tanto em Jerusalém como em toda a Judeia e Samaria e até aos confins da terra" (1,8). Há de tudo nesse densíssimo versículo: o fato de que eles não devem "inventar" nada, mas dar testemunho de Jesus; o poder do Espírito Santo, que estará com eles; a missão em expansão e – assim se pode imaginar, mesmo que não seja explicitamente declarado – a entrada na comunidade dos crentes e também dos pagãos. E tudo isso não é resultado do acaso ou da iniciativa pessoal de um ou outro apóstolo; essas são as instruções que Jesus deu aos seus antes de deixá-los. É o projeto dele.

At 1,1-14, portanto, funciona como uma ponte entre o Evangelho segundo Lucas e o Livro dos Atos: o tempo de Jesus é fechado e o tempo da Igreja começa, sem interrupção (temática e cronológica). O Evangelho havia dito o que "Jesus começou a fazer" (assim, At 1,1 traduzido literalmente); os Atos narram o que Ele continuou a fazer, por meio daqueles que creram nele e são suas testemunhas.

Primeira etapa: de Jerusalém a Antioquia (At 1,15–14,28)

"A articulação do Livro dos Atos é um daqueles problemas de cuja solução ainda está longe de um consenso entre os exegetas. Não falta apenas um acordo, mas as mais diversas hipóteses se sucedem, sem ao menos se consolidar uma linha de tendência" (BETORI, 2003: 69). Foi assim que Betori se expressou anos atrás (a redação do texto remonta a 1989); nesse ínterim, surgiram novos estudos sobre a estrutura dos Atos, mas a situação não foi esclarecida. Há até mesmo alguns que negam a existência de uma ordem, de um projeto teológico no Livro dos Atos. Procederemos da mesma maneira com que tratamos dos Evangelhos: tentaremos, tanto quanto possível, encontrar pontos de referência formais que nos permitam nos orientar entre os vinte e oito capítulos do livro; mas, acima de tudo, nos esforçaremos para acompanhar o progresso da narração, destacando articulações significativas e dinâmicas subjacentes.

Pelas razões que veremos mais adiante, o capítulo 15 é uma passagem fundamental na narrativa dos Atos; tomando 1,1-14 como uma introdução para o livro inteiro e 15,1-35 como um recomeço, o livro é, portanto, dividido em duas seções principais:

• 1,15–14,28: de Jerusalém a Antioquia.
• 15,36–28,31: de Jerusalém a Roma.

Detendo-nos então na primeira grande seção, notamos que são reconhecíveis duas partes: 1,15–8,4 e 8,5–14,28. Leiamo-las uma a uma.

A primeira parte vai de 1,15 a 8,4 e narra o nascimento e o desenvolvimento da comunidade de Jerusalém. A delimitação dessa unidade narrativa é dada pela referência geográfica: todos os episódios aqui contidos são ambientados em Jerusalém, enquanto com o capítulo 8 o cenário mudará radicalmente.

O início é bastante pacato: o lugar deixado por Judas é ocupado por Matias e uma centena de pessoas são adicionadas para ampliar um pouco as fileiras da comunidade; mas no dia de Pentecostes a Igreja dá um grande salto adiante (2,1-41): depois do discurso de Pedro – que agora não tem mais medo e, com serena audácia, anuncia a todos que Jesus é o Cristo –, "os que lhe aceitaram a palavra foram batizados, havendo um acréscimo naquele dia de quase três mil pessoas" (2,41). O Pentecostes é o elemento desencadeador: com o poder do Espírito – tal como prometido por Jesus em 1,8 – os apóstolos deixam a casa em que se refugiaram e anunciam com ousadia o Evangelho. E como fruto do anúncio, Lucas registra um crescimento contínuo do número daqueles que aderem à fé: depois da cura do paralítico, ele observa que o número chega a quatro mil homens (cf. 4,4); mais tarde, agora sem contar, ele lembra que "crescia a Palavra de Deus, e, em Jerusalém, se multiplicava o número dos discípulos; também muitíssimos sacerdotes obedeciam à fé" (6,7).

Uma comunidade perfeita?

"Da multidão dos que creram era um o coração e a alma. Ninguém considerava exclusivamente sua nenhuma das coisas que possuía; tudo, porém, lhes era comum. Com grande poder, os apóstolos davam testemunho da ressurreição do Senhor Jesus, e em todos eles havia abundante graça. Pois nenhum necessitado havia entre eles, porquanto os que possuíam terras ou casas, vendendo-as, traziam os valores correspondentes e depositavam aos pés dos apóstolos; então, se distribuía a qualquer um à medida que alguém tinha necessidade." (4,32-35). E este não é o único caso em que os primeiros capítulos dos Atos descrevem a comunidade de Jerusalém sem medo de exagerar nos elogios! A esse respeito, vale a pena lembrar dois pontos. O primeiro se refere ao gênero literário: é um sumário, isto é, alguns versículos não contam todos os detalhes dos fatos, mas destacam a linha de tendência, o todo. No todo, a comunidade é muito unida, mesmo que haja momentos de dificuldade. Basta pensar no caso de Ananias e Safira ou na controvérsia que explodiu no capítulo 6 entre cristãos de origem palestina e de origem grega. Um segundo ponto a não menosprezar diz respeito à dimensão teológica da comunhão fraterna. No mundo greco-romano, o ideal de amizade gozava de grande consideração; e "entre amigos tudo é comum", como disse Pitágoras (em uma máxima geralmente atribuída a ele). Mesmo na comunidade de Qumran, havia uma obrigação absoluta de compartilhar o total de ativos entre os membros da comunidade dos eleitos. Mas aqui, no Livro dos Atos, não se trata do ideal clássico de amizade, nem do ideal exclusivo de perfeição: a comunhão nasce da fé no Jesus ressuscitado e é um fruto do Espírito Santo; por isso, a vida comunitária torna-se um meio de testemunhar o Evangelho.

Uma primeira característica da comunidade de Jerusalém é, portanto, seu crescimento exponencial. Uma segunda característica está intimamente ligada à primeira, e é esta: a comunidade cresce porque abre, deixa os muros seguros em que se refugiara depois da Páscoa. Certamente, saindo, ela corre vários riscos: as autoridades de Jerusalém prendem várias vezes os apóstolos, levam-nos ao Sinédrio e, de todas as maneiras, ordenam que parem. Mas isso não serve para nada: "E eles se retiraram do Sinédrio regozijando-se por terem sido considerados dignos de sofrer afrontas por esse Nome. E todos os dias, no Templo e de casa em casa, não cessavam de ensinar e de pregar Jesus, o Cristo" (5,41-42). A ofensiva externa não atrapalha comunidade; pelo contrário: depois de cada perseguição o número de crentes aumenta, até que depois da maior de todas, a do começo do capítulo 8, haverá a uma difusão sem precedentes da fé.

Não é de fora que vêm os maiores perigos, mas de dentro. Assim chegamos a uma terceira característica desses capítulos: eles descrevem com riqueza de detalhes a vida da primeira comunidade, mas a nota que mais retorna é a coesão; embora o número de crentes tenha aumentado muito, de fato, a comunidade permanece muito unida (graças especialmente ao papel desempenhado pelos apóstolos). Para expressar essa dimensão essencial, Lucas usa a palavra grega *koinonia* (comunhão): eles tinham momentos comuns de oração (nas casas e no Templo) e até compartilharam livremente de seus víveres. Nos primeiros capítulos dos Atos, Lucas observa várias vezes que esse estilo de vida tem uma enorme força atrativa: muitas pessoas aderem à fé cristã porque a comunidade tem um estilo de vida belo, agradável e pleno. Podemos, portanto, dizer que a comunhão interna é um dos instrumentos através dos quais o projeto de Deus (de Jesus) está sendo realizado: é também graças ao estilo de vida dos primeiros cristãos que o anúncio do Senhor ressuscitado se espalha cada vez mais.

Por isso, um gesto como o de Ananias e Safira é grave (5,1-11): os dois cônjuges vendem sua propriedade e fingem entregar toda a quantia aos apóstolos, mantendo, contudo, uma parte para si mesmos. Um pecado venial? Não, uma ação muito séria que mina a comunhão fraterna, minando a confiança mútua. Pedro não tem dúvida quando diz a Ananias: "Ananias, por que encheu satanás teu coração, para que mentisses ao Espírito Santo, reservando parte do valor do campo?" (5,3). Essa é a primeira vez que satanás aparece no Livro dos Atos. Curioso: Lucas nunca diz que há um dedinho do inimigo nas várias perseguições que a Igreja sofre, mas vê a obra de satanás por trás da ação de Ananias e Safira. Os maiores perigos da primeira comunidade cristã não vêm de fora, mas de dentro! Não há nada mais sério do que uma comunidade dividida porque é em comunhão que a Igreja cresce e propaga a Palavra.

A primeira parte do Livro dos Atos é, portanto, estabelecida em Jerusalém, mas com o início do capítulo 8 o cenário muda: "E Saulo consentia na sua morte. Naquele dia, levantou-se grande perseguição contra a Igreja em Jerusalém; e todos, exceto os apóstolos, foram dispersos pelas regiões da Judeia e Samaria. [...] Entrementes, os que foram dispersos iam por toda parte pregando a palavra" (8,1.4). Assim começa a segunda parte do Livro dos Atos, que vai de 8,5 a 14,28.

Comecemos com uma visão geral, para a qual convém tomar a descrição específica de Betori (2003: 126-127):

> Tendo saído das muralhas de Jerusalém, o Evangelho toma caminhos diferentes, que, em tempos mais ou menos contemporâneos, o levam a tocar a Samaria, a costa mediterrânea da Judeia, a Fenícia, o Chipre, a Síria e, mais tarde, ainda Chipre e a Pisídia, Licaônia e a Panfília. A unidade do lugar se despedaça, enquanto os atores aos quais está reservado o centro da cena também se multiplicam. E parece que o autor dos Atos quase antecipa o conselho de Luciano de Samósata, em voar aqui e ali para manter o domínio sobre o complexo de eventos e delinear eventos, levando a narrativa até certo ponto e depois abandonando-a, evitando que se torne pesado e não se perdendo em um dos muitos afluentes que convergem na imagem unitária do rio da história. Assim se sucedem as diferentes regiões em que ressoa o anúncio do Evangelho, bem como os vários personagens: desde Filipe e a dupla apostólica de Pedro e João a Saulo, atrás do qual aparece Barnabé, desde Pedro aos anônimos helenistas que atuam em Antioquia, onde Barnabé e Saulo reaparecem novamente para voltar a Pedro e finalmente se deter definitivamente em Saulo e Barnabé.

Tantos quadros contribuem para formar a história da Igreja nesse período; nenhum desses é detalhado a ponto de prevalecer sobre os outros – ao menos até o capítulo 13, quando Paulo entrará em cena e daí não sairá mais. O resultado geral é que o projeto estabelecido por Jesus em 1,8 está sendo realizado: "Sereis minhas testemunhas tanto em Jerusalém como em toda a Judeia e Samaria e até aos confins da terra". Agora, a comunidade dos crentes está se expandindo não só numérica, mas também geograficamente: o círculo está se ampliando mais e mais. Mas como? Antes de continuar a leitura, façamos uma pausa para observar as causas e os efeitos dessa expansão contínua do anúncio.

As causas são pelo menos três. A primeira: perseguições. Como já observamos nos capítulos anteriores, toda tentativa de esmagar a Igreja se transforma em uma ajuda para sua difusão. A segunda: algumas grandes personalidades – como Pedro primeiro e depois Paulo –, que em várias ocasiões demonstram seu carisma, capazes de arrastar multidões inteiras à fé em Jesus. Mas até a própria estrutura dessa segunda parte do livro nos sugere que isso não acontece apenas graças a um ou outro, e nem mesmo aos dois isoladamente. Há uma terceira causa, que não devemos esquecer: a menos impressionante, mas não menos significativa ação de Filipe, que traz o anúncio para Samaria, e depois a ação de Barnabé, sem o qual Paulo teria permanecido um ilustre desconhecido; e ainda há que se lembrar do grupo de cristãos anônimos sem os quais o Evangelho não teria chegado a Antioquia da Síria, uma das maiores cidades do império, que servirá como ponto de referência para a futura missão de Paulo. Será importante recordar esses elementos destacados aqui quando lermos a segunda parte do livro: parecerá que Paulo faz tudo, mas não devemos nos esquecer que, enquanto ele se deslocar de cidade em cidade, há outros – muitos anônimos – que continuam o anúncio (a Igreja de Roma, p. ex., foi fundada por pessoas desconhecidas).

Essas são as causas. A principal consequência de uma ampliação tão grande da esfera do anúncio é uma diferenciação ainda maior entre comunidade e comunidade, com o consequente nascimento de algumas dificuldades de harmonização. A maior delas está ligada à comparação com o mundo pagão: enquanto a Igreja permanece em Jerusalém, a totalidade dos crentes vem do mundo judaico; mas quando começa a ir mais longe, para cidades quase completamente pagãs (como Antioquia), então até mesmo alguns não judeus se tornam cristãos. Enquanto há apenas um, o eunuco batizado por Filipe (8,26-40), o problema não é colocado; com Cornélio, já se trata de uma família inteira, mas são "tementes a Deus", isto é, pagãos próximos do mundo judeu, que respeitavam a maioria das tradições de Israel. O caso cria uma sensação, mas é imediatamente resolvido (10,1–11,18): até os pagãos podem acolher o anúncio do Evangelho. Mas a situação se torna mais complicada quando muitos pagãos que não observam a Lei de Deus ou as tradições de Israel se tornam cristãos em Antioquia: Como se comportar com eles? As apostas são muito altas: é certamente um problema prático (Como viver juntos se eles não observam a Lei?), mas também profundamente teológico (Acreditamos realmente que a fé em Jesus salva até mesmo aqueles que não observam a Lei?). A questão é abordada no capítulo 15, que vamos ler em separado.

Concluímos, assim, a primeira grande seção do Livro dos Atos (1,12–14,28), que narra nascimento e crescimento da comunidade de Jerusalém que em certo ponto deixa a margem segura da Cidade Santa e se espalha até Antioquia da Síria. De Jerusalém a Antioquia: não é apenas uma expansão geográfica, mas também uma mudança de mentalidade. De fato, Jerusalém é o coração do mundo judaico, enquanto Antioquia é um dos centros pulsantes do mundo romano-pagão. Ao aceitar se estabelecer em Antioquia, a Igreja diz sim a um enorme desafio: sair do reino do judaísmo, na convicção de que a fé em Jesus é uma realidade universal. A escolha não será fácil, mas desde o começo Lucas nos contou sobre uma comunidade aberta, capaz de superar barreiras, ou pelo menos aceitar se abrir quando as circunstâncias e o Espírito Santo a empurrarem para fora.

A assembleia de Jerusalém: um novo começo (At 15,1-35)

A missão de Paulo e Barnabé gerou enormes frutos: novas comunidades na Ilha de Chipre e no Sul da Anatólia, bem como o fortalecimento da fé na metrópole de Antioquia da Síria. Mas também trouxe discussões acaloradas, para não dizer controversas: "Alguns indivíduos que desceram da Judeia ensinavam aos irmãos: 'Se não vos circuncidardes segundo o costume de Moisés, não podeis ser salvos'" (15,1). Paulo e Barnabé, ao contrário, se opuseram firmemente: os pagãos que querem se tornar cristãos não são obrigados a observar a Lei de Moisés. No Livro dos Atos, já é pressuposto, pelo menos em teoria, que os pagãos possam chegar à fé em Jesus; isso já fora discutido, depois do caso de Cornélio, em Jerusalém (cf. At 11,1-18). Ainda assim, alguns discordam; ou melhor: todos acreditam que os pagãos podem se tornar cristãos, mas alguns pretendiam que, para isso, tivessem primeiro de passar pela observância da Lei de Moisés; outros (Paulo e Barnabé) julgavam isso desnecessário. A Carta de Paulo aos Gálatas e depois a Carta aos Romanos enfrentarão profundamente desse problema, explorando-o nos detalhes mais sutis; o capítulo 15 dos Atos, por outro lado, se contenta em mencioná-lo, mais interessado em nos contar como a comunidade reagiu a essa discussão que ameaçou seriamente causar uma divisão dentro da Igreja nascente.

Trata-se de um nó muito importante por pelo menos três motivos. O primeiro é de natureza teológica: afirma-se oficialmente que só existe um caminho de salvação, a graça (cf. vers. 11), que é tanto para aqueles que observam toda a Lei de Moisés como para aqueles que não são obrigados a fazer isso.

O segundo motivo é mais pastoral, isto é, diz respeito ao estilo de comunidade que emerge da história. Pode ser visto a partir de muitos detalhes da narrativa. Recolhamo-los em dois grupos: o primeiro diz respeito ao tipo de decisão que é tomada. Em Antioquia, não querem decidir por maioria, mas por meio de um acordo entre as duas partes; além disso, não fazem isso sozinhos, mas pedem ajuda em Jerusalém; aqui, na cidade onde tudo nasceu, não apenas os "líderes" se encontram, mas os apóstolos, os anciãos e a Igreja (o elenco dos três sujeitos retorna várias vezes no relato de At 15): há certamente diferentes papéis, mas no final trata-se uma decisão colegial; decisão colegial, mas não autorreferencial: todos escutam a Palavra de Deus, que encontram no Profeta Amós. O segundo grupo de detalhes pastorais diz respeito ao estilo de Tiago, o "principal responsável" da comunidade de Jerusalém: ele não está satisfeito em reafirmar o princípio (os pagãos não precisam observar toda a Lei), mas busca ceder, a solução possível nesse contexto. Por um lado, diz: não é necessário que observem toda a Lei; por outro lado, ele acrescenta: no entanto, pedimos algumas atenções de qualquer maneira. Esse estilo pastoral não penaliza a Igreja, mas sim a impulsiona. E Lucas enfatiza a ação de Deus quando diz que, quando essas comunidades se reúnem para enfrentar um problema, no trabalho para encontrar uma solução compartilhada, o Espírito Santo está em ação (cf. 15,28). O fogo do Pentecostes ainda está vivo.

A centralidade de Jerusalém

Jerusalém ocupa um lugar central na geografia de Lucas-Atos. Como vimos, Lucas é o único Evangelho que começa em Jerusalém, com o anúncio do anjo a Zacarias; e é também o único que termina em Jerusalém, com Jesus subindo ao céu do Monte das Oliveiras. Além disso, mais da metade do Evangelho é direcionada para a Cidade Santa, a partir de Lc 9,51. Os Atos preservam essa centralidade porque em Jerusalém a Igreja nasce e permanece nos primeiros sete capítulos; quando a proclamação do Evangelho se expande em círculos concêntricos cada vez mais amplos, a comunidade de Jerusalém mantém um papel importante. Por exemplo: no capítulo 8, quando Filipe batiza na Samaria, Pedro e João completam sua obra missionária, invocando o Espírito Santo; da mesma forma, assim que aprendem sobre a nova comunidade de Antioquia, mandam Barnabé de Jerusalém para fortalecer a Igreja recém-nascida. Não que seja Jerusalém a querer "controlar" as outras comunidades: quando a controvérsia irrompe em Antioquia devido ao estilo missionário de Paulo e Barnabé, eles decidem enviar alguns representantes da comunidade local a Jerusalém para obter uma opinião, que depois será considerada vinculante (cap. 15). Jerusalém é a Igreja-mãe, da qual partiram os primeiros missionários e na qual os apóstolos continuam a viver; e, como boa mãe, quando os filhos crescerem, os deixará partir. Do capítulo 16 em diante, os contatos com Jerusalém são cada vez mais raros; Paulo já se tornou adulto e viaja pelo mundo. Mas não nos esqueçamos que o seu mandato também começou a partir em Jerusalém.

O terceiro motivo que torna este episódio muito importante é de natureza narrativa: é claro que essas linhas funcionam como uma dobradiça entre a primeira e a segunda parte do livro. Por um lado, de fato, há uma retomada do caminho feito até então: há referências à viagem de Barnabé e Paulo (que ocorreu nos cap. 13-14), a Pedro e Cornélio (cap. 10-11), à Igreja de Jerusalém (cap. 1-7). Por outro lado, há um vento de novidade, um impulso oficial rumo a novos horizontes (ou pelo menos ainda não – até então – compartilhado por todos): o anúncio aos pagãos é liberado definitivamente, não haverá mais obstáculos dentro da Igreja.

A assembleia de Jerusalém, em suma, ocupa um lugar extremamente importante no relato dos Atos; um papel paralelo ao de At 1,1-14: como aqueles primeiros versículos ligavam os Atos ao Evangelho (logo, a comunidade de Jerusalém a Jesus), assim estes atuam como uma ponte entre a primeira e a segunda grande parte do Livro dos Atos (portanto, entre a Igreja apostólica e a universal). Doravante, encontraremos Paulo que viaja pelo mundo, até Roma; ele não é um franco atirador, um tipo genial que faz tudo segundo a própria cabeça. Sua missão é aprovada pela comunidade de Jerusalém, que por sua vez estava em perfeita continuidade com o Jesus ressuscitado. Em última análise, portanto, nos feitos de Paulo, o projeto inicial de Jesus ainda está sendo realizado.

Segunda etapa: de Jerusalém a Roma (At 15,36–28,31)

A segunda grande seção do Livro dos Atos narra as viagens do Apóstolo Paulo; os outros personagens, no máximo, fazem uma aparição, enquanto o único protagonista está sempre em movimento: uma segunda viagem missionária começa em Antioquia e vai até a Macedônia e Grécia, com uma parada em Corinto; uma terceira viagem missionária recomeça de Antioquia e refaz parte da segunda, mas passando pela Ásia Menor, com uma parada em Éfeso; então Paulo desce a Jerusalém e depois, preso, de Jerusalém a Cesareia Marítima (a sede do procurador romano) e de Cesareia a Roma. Aqui termina o livro. Que ordem podemos encontrar em todas essas rotas? Um critério significativo é dado pelo propósito das viagens e, consequentemente, pela sua modalidade:

- De 15,36 a 19,20 temos um Paulo missionário que chega a proclamar o Evangelho onde ainda não é conhecido e retorna a comunidades previamente fundadas para fortalecer sua fé.

- De 19,21 a 28,31, o horizonte muda: agora, Paulo tem como meta a cidade de Roma, só que antes deve passar por Jerusalém (19,21). Característica desta fase é que Paulo é cada vez menos ativo (não é ele quem decide os movimentos), mas não é menos eficaz em dar testemunho do Jesus ressuscitado.

A primeira parte, portanto, relata a atividade missionária de Paulo no seu auge, quando trabalha incansavelmente para anunciar o Evangelho de Jesus (desse ponto de vista, é muito interessante a biografia de MURPHY-O'CONNOR, 2007, em que o autor tenta reconstruir e nos faz imaginar a incrível quantidade de viagens que Paulo fez, considerando o pouco tempo gasto e as condições das vias). Lucas narra com precisão o caminho seguido por Paulo e seus colaboradores: com a ajuda de um atlas, é possível reconstruí-lo sem muita dificuldade; mas o que ele faz seu não é apenas um relatório de viagem: ao narrar os acontecimentos, também nos permite conhecer as características da missão paulina. Notamos três dessas características.

Inicialmente, um esquema que retorna muitas vezes, tanto que se pode pensar em certa forçação dos eventos por parte do narrador: os missionários chegam em uma cidade, vão e conversam com a comunidade judaica onde ela se reúne (geralmente na sinagoga), primeiro eles são acolhidos, mas depois alguém aborrece os judeus do lugar que (todos ou uma parte significativa deles) rejeitam o anúncio de Paulo; ele então se volta para os pagãos da mesma cidade, que acolhem a fé com alegria. Isso nem sempre é o caso, por exemplo, em Atenas, a abordagem é diferente; mas, em geral, Lucas tende a simplificar a missão de Paulo dessa maneira: primeiro para Israel, depois para os pagãos; a legitimidade recebida em Jerusalém não o leva a negar a fé judaica.

Uma segunda característica da missão paulina é sua origem divina. Muitas biografias recentes de Paulo destacam a inteligência do itinerário que ele planejou, que passa pelos gânglios vitais do comércio da região; o Livro dos Atos enfatiza, aliás, que por trás de um projeto tão bem-feito está a obra do Espírito Santo. Por exemplo, 16,67 diz que a segunda jornada aponta diretamente para a Macedônia, porque o Espírito de Jesus os havia proibido de pregar na Ásia e depois na Bitínia.

Finalmente, essa parte do Livro dos Atos oferece alguns exemplos interessantes do estilo de Paulo. Quase nunca está sozinho, mas envolve-se com colaboradores, incluindo Silvano e Timóteo (infelizmente, rompera com Barnabé, mesmo antes de iniciar a segunda viagem). Ele viaja muito, mas escolhe como ponto de referência uma comunidade em que se detém por um longo período: um ano e meio em Corinto durante a segunda viagem, mais de dois em Éfeso, na terceira. Além disso, seu anúncio sempre tem Jesus Cristo morto e ressuscitado pela nossa salvação como seu centro; contudo, Paulo mostra uma habilidade única em adaptar o anúncio à audiência que tem diante de si: na sinagoga de Antioquia da Pisídia (cap. 13), ele havia mostrado que Jesus ressuscitado cumpre as promessas feitas por Deus ao Rei Davi; no Areópago de Atenas (cap. 17), por sua vez, anuncia a ressurreição de um homem (Jesus, mas Paulo não o nomeia explicitamente) como a culminação da ordem cósmica e da busca de Deus que caracteriza os sábios pagãos. A capacidade narrativa de Lucas indica que, em diferentes contextos, Paulo usa até mesmo uma língua grega ligeiramente diferente: com mais nuanças bíblicas nos discursos da sinagoga e com algumas peculiaridades poéticas no discurso de Atenas.

Estamos na segunda grande seção do Livro dos Atos dedicada exclusivamente à figura do Apóstolo Paulo. Nessa seção, a primeira parte fala sobre a atividade missionária de Paulo no período de seu auge; a segunda (19,21–28,31) enfoca outra fase de sua vida, a última.

> O ritmo da narração diminui. Sucedem-se, uma à outra, longas cenas em que Paulo está sempre no centro, acompanhado por riqueza incomum de detalhes concretos: prisão no Templo, discurso ao povo de Jerusalém, discurso ao sinédrio, transferência para Cesareia, aparições múltiplas diante de Félix e Festo, tempestade e naufrágio, chegada a Roma. Esses grandes afrescos narrativos são o trabalho de um narrador no ápice de sua forma (MARGUERAT, 2015: 265).

Muitas coisas mudaram; de todas, quatro em particular são reiteradamente enfatizadas por Lucas.

Em primeiro lugar, Paulo continua viajando incansavelmente: de Éfeso a Jerusalém (19,21–23,11), de Jerusalém a Cesareia

(23,12–26,32), de Cesareia a Roma (27,1–28,31). Mas não são mais viagens missionárias: ele não funda uma comunidade que seja uma; no máximo, na primeira parte da jornada, anima e saúda aqueles que já são conhecidos. Em certo sentido, Paulo não é mais o senhor de suas escolhas, ele começa uma fase menos "ativa" de sua vida, se é que podemos dizê-lo. Mas é ele quem ainda decide seu itinerário: a partir de 19,21 sabemos que queria ir a Jerusalém e depois a Roma, e isso acontecerá; mas ele não será o "diretor" da jornada. Como sempre, o Espírito Santo está por trás. Notemos, contudo, a maneira pela qual Paulo expressa sua consciência quando se dirige aos anciãos de Éfeso: "E, agora, constrangido em meu espírito, vou para Jerusalém, não sabendo o que ali me acontecerá" (20,22). O termo "constrangido" é um pouco poético, literalmente podemos traduzir "amarrado", "acorrentado": é uma escolha forçada, uma escolha que o leva a um futuro ainda incerto.

Em segundo lugar, os personagens mudam. Do ponto de vista dos crentes, resta apenas Paulo; além de algumas aparições, todos os seus colaboradores e outros cristãos estão ausentes da cena. Por outro lado, a autoridade romana entra em jogo; muitas vezes no papel de defensora de Paulo dos ataques de seus correligionários, mesmo que na posição ambígua de quem não vai até o fim para libertá-lo. Nos últimos discursos de Paulo aparece certamente um apóstolo (um cristianismo?) compatível com a instituição imperial romana.

Esse aspecto levou alguns autores a falar de um Paulo ou *pro imperio* ou *pro ecclesia*; antes, seria falar de um Paulo *pro evangelio* (cf. ROSSI, 2014: 57; trata-se do terceiro elemento sublinhado). De fato, Paulo não fica de braços cruzados esperando pela evolução dos acontecimentos, mas aproveita toda oportunidade que lhe é oferecida (ou que ele habilmente aceita) para fazer o que sempre fez: anunciar o Evangelho. O tom é de um testemunho, as notas são de uma autobiografia. Comecemos com o capítulo 20: aos anciãos de Éfeso, reunidos no porto de Mileto, ele profere um verdadeiro discurso de despedida, sobre o sentido de sua vida e sobre o estilo de sua missão. Quando então, em Jerusalém, há uma tentativa de linchamento contra ele, o tribuno romano o acorrenta 131 por precaução; mas antes de ser levado à Fortaleza Antônia, Paulo pede e recebe a palavra. Ele conta às pessoas ali reunidas a história de sua vocação (cap. 22, paralelo à narração do cap. 9), explicando o significado de sua "conversão": ele não se sente um traidor porque a fé em Jesus não está em contradição com o credo judaico, na verdade é a sua plenitude; ao mesmo tempo, porém, trata-se de algo que ultrapassa as fronteiras de Israel para se abrir ao mundo inteiro. Uma nova oportunidade para dar testemunho é concedida a Paulo em Cesareia, para onde foi transferido e deixado para apodrecer na prisão; depois de dois anos há uma mudança de procurador: Festo assume o lugar de Félix, que visita Paulo com o Rei Agripa II. Antes deles, respectivamente responsáveis pelo poder de Roma e autonomia local, Paulo ainda narra a história de sua vocação (cap. 26: narração paralela às duas anteriores). Afinal, Paulo não é mais livre nos movimentos, mas continua a proclamar o Evangelho. Como ele diz na Segunda Carta a Timóteo: "Pelo qual estou sofrendo até algemas, como malfeitor; contudo, a Palavra de Deus não está algemada" (2Tm 2,9).

No entanto, o testemunho direto não é a única maneira pela qual Paulo continua falando sobre Jesus; também faz isso com sua conduta de vida (quarto elemento destacado). Lucas, de fato, narrando os últimos anos da vida de Paulo, sugere continuamente que o que está acontecendo com ele é paralelo ao que aconteceu com Jesus nos últimos meses de sua vida. Comecemos com a viagem para Jerusalém: o itinerário é diferente, o destino é o mesmo; não só isso: até mesmo Paulo, como Jesus, está ciente do ponto de chegada e de sua tragédia (20,22-23 Paulo o diz; 21,1-16 dizem-no os discípulos e o Profeta Ágabo a Paulo). Há um caminho traçado por Deus que passa por Jerusalém: percorrido por Jesus, agora é o próprio Paulo que resolutamente se encaminha; aproximando-se o momento, como Jesus chamara os discípulos a seu lado, também Paulo chama os anciãos de Éfeso para confiar-lhes seu legado. Quando Paulo chega a Jerusalém e é aprisionado, as semelhanças com Jesus continuam: ele também é apanhado às pressas e depois entregue nas mãos dos romanos; em várias ocasiões é reconhecido como inocente pela autoridade (como naquele tempo Pilatos), que não consegue entender por que seus correligionários têm tanto contra ele (o grito de morte "Tira tal homem da terra" também é o mesmo, Lc 23,18 e At 21,36, 22,22). Paulo, como Jesus, permanece sozinho: Onde estão os cristãos de Jerusalém? Não há sequer um com ele, exceto um sobrinho no capítulo 23... Repete-se várias vezes que a sentença é injusta, mas é sobretudo no final do discurso diante de Festo e Agripa II, e então durante a viagem-naufrágio é que isso fica evidente: Paulo não é apenas um criminoso, mas aonde quer que vá faz a vida florescer. No meio da tempestade, ele é o único a permanecer calmo: gerencia a situação e leva todos à segurança. Onde o apóstolo do Senhor ressuscitado caminha, a vida floresce novamente, o perigo e a doença desaparecem, como aconteceu com Jesus na Galileia.

Essa segunda grande seção do Livro dos Atos relata as viagens do Apóstolo Paulo depois da assembleia de Jerusalém, faz-nos conhecer as características de sua missão e nos leva a refletir sobre a dinâmica de seu testemunho. Por que tanta insistência em um único personagem entre os muitos que povoaram a primeira seção do livro? A resposta surge no último episódio, o que narra os primeiros encontros de Paulo durante a prisão em Roma (28,16-31): não menciona o fim da história pessoal de Paulo (este não é o propósito dos Atos!), mas recapitula toda a obra de Lucas, Evangelho e Atos em círculos concêntricos. Em seu primeiro encontro com os judeus de Roma, de fato, Paulo relata os últimos acontecimentos de sua vida, isto é, os vários processos: a fim de dizer que é inocente e assim estabelecer uma base comum com seus ouvintes. No segundo encontro, mais prolongado, é retomada toda a história (e significado) de seu ministério (formando assim uma inclusão entre o primeiro discurso no cap. 13 e o último no cap. 28): Paulo prega o Evangelho de Jesus e isso produz uma divisão dentro do mundo judaico. Em toda a passagem (primeiro e segundo encontro), vemos referência ao início dos Atos, com o ensinamento sobre o Reino de Deus e o chamado a sermos testemunhas. Finalmente, as últimas palavras de Paulo (28,28) resumem todo o projeto enunciado desde o início do Evangelho segundo Lucas pela boca do velho Simeão: a luz de Jesus se espalhou pelo mundo, sua salvação atingiu a todos os povos (notamos a presença das palavras "salvação" e "povos" tanto em Lc 2,30-32 como em At 28,28). É ele quem traz o Evangelho de Jerusalém até os fins, é ele quem traz a salvação de Jesus para as nações.

O propósito dos Atos, em suma, é narrar o cumprimento do plano de Deus: uma salvação que atinge todos os povos. Desse ponto de vista, podemos dizer que o livro – embora não contando o fim dos feitos de Paulo – está concluído. No entanto, permanece um fim aberto, porque, no início dos Atos, Jesus tinha enviado, especificando que não se tratava apenas de levar a salvação às nações, mas de alcançar os confins da terra (cf. At 1,8). Com os Atos, chegamos a Roma, o centro do mundo; para que haja testemunhas crentes até os confins da terra, é necessário deixar os confins do livro.

Lucas: uma história

Marcos narrou os feitos de Jesus, de modo que sua escrita é um itinerário, um convite a um percurso para conhecer Jesus e nele acreditar; Mateus, por sua vez, enfatizou a dimensão comunitária: o convite é caminhar em uma comunidade de crentes; Lucas nos convida a entrar em uma história: não apenas conhecê-la, mas fazer parte dela, porque sem a história da Igreja, o plano de Deus em Jesus não se teria cumprido. A afirmação é arriscada, mas Lucas a repete com muita frequência porque não está claro: sem a Igreja, o evento que mudou o mundo permaneceria um fato confinado à Palestina no século I d.C. Para confirmar, vamos refazer a história de Lucas, dando uma visão geral em seus dois livros.

No Evangelho, os feitos de Jesus são narrados de acordo com o esquema cronológico-geográfico que já conhecemos de Marcos; mas com uma atenção particular, que é inteiramente de Lucas: sublinhar como a salvação trazida por Jesus supera os esquemas, indo além de qualquer tentativa de fechá-la em categorias pré-empacotadas. Isso se aplica às expectativas de Israel, que são cumpridas, mas também superadas; como vale também para as aquisições do leitor, continuamente desafiadas.

Vamos começar pelas expectativas de Israel: nas narrativas da infância, Jesus é apresentado como o Messias, uma categoria que

Ele mesmo confirma na sinagoga de Nazaré; ao mesmo tempo, porém, não é apenas o Messias: como diz Simeão, como o próprio Jesus repete em Nazaré, como demonstram suas ações durante os meses de atividade da Galileia. Excede as expectativas, no sentido de que é muito mais do que o Messias, mas também no sentido de que não é o salvador que se esperava: em seu modo de agir há algo sem precedentes. O aspecto que dá origem a mal-entendidos é a sua atitude para com os pecadores: Jesus fala da conversão dos pecadores e, de fato, aqueles que o conhecem mudam suas vidas; mas Ele nunca coloca a conversão como requisito prévio para o encontro (como as pessoas esperavam que Ele fizesse). O episódio de Zaqueu (Lc 19,1-10) é emblemático:

> Jesus vai para a casa de Zaqueu antes de sua conversão, quando ele ainda é um pecador! Ele não estabelece condições antes do encontro, nem mesmo de natureza moral. É isso que causa a reação ácida da multidão. O encontro com Jesus não pressupõe mudança, mas a produz; não é o resultado de um caminho, mas o primeiro de uma série de etapas (BROCCARDO, 2007: 169).

Pode parecer bonito para nós que lemos hoje; mas a reação no tempo de Jesus foi de rejeição total: esse Messias não agrada.

O Jesus de Lucas, portanto, pede uma abertura mental não indiferente: não se pode ficar satisfeito com o que já se espera ou se pensa; isso pode ser visto de como Lucas relata a atividade de Jesus, mas também em como ele relata seus ensinamentos. Aqui é o suficiente para recuperar o que vimos sobre a viagem a Jerusalém: o ensinamento de Jesus é complexo, não pode ser simplificado muito alegremente; não se pode dizer em duas palavras qual é a coisa mais importante a fazer para se ter a vida eterna (cap. 10), pois misericórdia e julgamento não podem ser facilmente contrastados (cap. 15-16). Um pouco dessa complexidade depende do fato de que Jesus, como acabamos de ver, tem um modo diferente de agir, que ultrapassa os esquemas pré-confeccionados; por outro lado, o ensinamento de Jesus em Lucas é complexo também por conta da comunidade destinatária do escrito do evangelista: estando no prólogo, são cristãos da segunda geração, para quem o questionamento fundamental não era mais crer ou não crer em Jesus, mas viver de maneira consequente com a própria fé (e os Atos demonstram que isso não é tão simples).

A dimensão social da salvação trazida por Jesus

Em sua *Teologia de Lucas*, Green (2001) apontou que a praxe de Jesus também tem uma implicação social: na verdade, Ele muitas vezes se volta para categorias de pessoas que a sociedade considerava excluídas. Em Nazaré, citando Isaías, Jesus faz uma lista de pessoas a quem sua mensagem (sua ação) é dirigida: pobres, presos, cegos, oprimidos (Lc 4,18); as bem-aventuranças são para os pobres, famintos, afligidos, perseguidos (Lc 6,20-21); os mensageiros do Batista veem Jesus, que cuida dos cegos, coxos, leprosos, surdos, mortos, pobres (7,22); as listas de Lc 14,13 são do mesmo teor; 14,21; 16,20-22. No ambiente judaico do século I d.C. não é estranho encontrar listas desse tipo – na verdade: uma pessoa é definida com base não apenas em suas próprias ações, mas também em seu *status*. Assim, de acordo com Lv 21,16-24 são excluídos da classe sacerdotal aqueles que têm os seguintes defeitos: cegueira, claudicância, mutilação da face ou membros, fraturas dos pés etc.; de acordo com a *Regra da comunidade* de Qumran, não se poderia participar da reunião da assembleia se houvesse afeições da carne, ferimentos nos pés ou nas mãos, claudicância, cegueira, surdez ou mutismo; ainda em Qumran, a *Regra da guerra* indica quem não poderá lutar na guerra final contra os filhos das trevas: crianças, mulheres, coxos, cegos, paralisados, afetados por defeitos físicos permanentes ou impurezas. No Evangelho segundo Lucas, Jesus derruba completamente a situação e transforma as listas de exclusão em listas de inclusão: é precisamente àqueles que viviam à margem que Ele proclama o Reino de Deus. Acaso, Maria não teria adivinhado isso no *Magnificat* (Lc 1,46-55)?

Em conclusão, no Evangelho de Lucas é realizada apenas em parte a expectativa criada pelas histórias da infância: com exceção de pouquíssimos casos, a atividade de Jesus não inclui os pagãos;

mas é Ele que "prepara o caminho para o seu cumprimento por meio do trabalho de eliminar as barreiras que separam as pessoas – judeus e samaritanos, adultos e crianças, homens e mulheres, enfermos e sãos, justos e pecadores, e assim por diante" (GREEN, 2001: 109). Jesus não foi fisicamente às nações, como se poderia esperar das palavras de Simeão, mas abriu o caminho e ensinou seus discípulos (e seus leitores) um estilo: é necessária a coragem de ir além, superando qualquer expectativa. É importante saber como recalibrar a própria posição.

Se passamos agora ao segundo livro, os Atos dos Apóstolos, percebemos que narra justamente isso: os passos, nem sempre fáceis, que a Igreja faz para ir sempre mais além em relação ao ambiente fechado em que se encontra. Vamos aprofundar essa reflexão destacando três tópicos dentre os que emergiram durante a leitura.

O primeiro: a Igreja é universal por vocação, mas esse movimento centrífugo é uma conquista. O projeto de Jesus é claro a partir de suas últimas palavras: "sereis minhas testemunhas até os confins da terra" (1,8); a estrutura geral do livro reafirma isso, particularmente nas duas principais junções (At 1,1-11 e 15,1-35): a universalidade da salvação é concretizada por Paulo, que, no entanto, se funda na comunidade de Jerusalém, que por sua vez, é fundada nos últimos ensinamentos do Jesus ressuscitado. É assim que Jesus quer sua Igreja: aberta ao mundo. No entanto, os apóstolos estão lutando para colocar em prática o projeto de Jesus: no início, eles permanecem fechados no cenáculo, por medo, até que o Espírito desça sobre eles e então encontrem forças para sair e anunciar o Jesus ressuscitado. Depois do Pentecostes, permanecem fechados em Jerusalém: demorou um pouco para formar e estabelecer a comunidade, mas em certo ponto uma força externa deve intervir para lembrar aos discípulos que o mandato de Jesus era de partir; nesse caso, o papel é desempenhado pela perseguição, como nos diz At 8,1-4.

Outras forças também dirigem os apóstolos em sua primeira saída dos muros de Jerusalém: Filipe é movido por um anjo do Senhor (8,26) e depois pelo Espírito do Senhor (8,30); o próprio Jesus aparece a Paulo e depois a Ananias (cap. 9); Deus, com seus mensageiros, insta Pedro a ir à casa de Cornélio sem medo (10,1–11,18); o Espírito Santo escolhe Paulo e Barnabé para a missão (13,2-3). Existem muitas "ferramentas" com as quais Deus empurra sua Igreja para que não permaneça uma comunidade fechada (o mesmo acontecerá com Paulo, na segunda parte do livro), às vezes é a mesma comunidade que é capaz de escolher o caminho certo, como quando, em Jerusalém, decidiu-se colegialmente remover todos os impedimentos à missão entre os pagãos (cap. 15).

Um segundo tópico a ser destacado e recorrente no Livro dos Atos é que a Igreja, precisamente por ser universal, está cada vez mais diversificada internamente. Já nos primeiros capítulos, quando ainda estamos todos em Jerusalém, notamos diferenças entre cristãos de origem cultural judaica e os chamados "helenistas" (sempre judeus, mas de língua e cultura gregas); então nascerão comunidades nas quais, ao lado dos crentes provenientes do judaísmo, haverá também crentes do mundo pagão: não será fácil harmonizar essas grandes diferenças. Além disso, nas várias comunidades, notamos a diversidade de carismas e ministérios. Não entramos em detalhes – isso seria impossível–, mas lembramos que em Jerusalém há os *Doze* (*i. e.*, os apóstolos), mas também os *Sete* (impropriamente chamados de diáconos); em Antioquia, há na posição de liderança os *profetas* e *doutores* (13,1); como em Jerusalém, também em Éfeso há os *anciãos*. São todas figuras, mais ou menos parecidas, que possuem algum papel de liderança nas comunidades.

Um terceiro e último tópico, em parte já presente nos anteriores: no caminho da Igreja, os sujeitos humanos e os sujeitos divinos estão intimamente entrelaçados. Primeiramente, há o Espírito Santo: é nomeado tantas vezes que alguns autores desde a Antiguidade definiram o Livro dos Atos como "O Evangelho do Espírito Santo". Mais do que uma estatística, no entanto, interessa-nos observar como o Espírito está presente na vida da Igreja: às vezes intervém diretamente, por meio de ações extraordinárias, como no dia de Pentecostes, capítulo 2, ou quando "à força" move Filipe no capítulo 8 ou escolhe Paulo e Barnabé no capítulo 13; outras vezes, está presente de maneira ordinária e silenciosa: são os homens que decidem e agem, mas sob a influência do Espírito (os casos mais comuns são quando alguém fala cheio do Espírito ou quando a comunidade decide o que fazer em At 15). Dumais escreve (2000: 104-105): "A universalidade e a unidade da Igreja são fundadas em primeiro lugar 'do alto', isto é, estão enraizadas no Espírito. Mas também devem ser estabelecidas 'de baixo', pela mediação dos homens. O Espírito e a comunidade de crentes formam uma aliança misteriosa: a comunidade precisa do Espírito para ser capacitada a testemunhar e viver em comunhão; o Espírito recorre à comunidade para entrar concretamente em ação".

O primeiro entrelaçamento é, portanto, entre o Espírito e a comunidade; o segundo é entre Jesus e os "atores humanos" dos Atos. Já notamos, a propósito de Paulo, que Lucas relata suas últimas histórias paralelamente às linhas de alguns episódios do Evangelho em que Jesus foi o protagonista. Esse paralelo entre Jesus e Paulo não é o único, de fato! Nos capítulos 3-4 Pedro e João são levados ao Sinédrio e questionados: "Com que poder ou em nome de quem fizestes isto?" (4,7); assim como Jesus em Jerusalém, quando lhe perguntam "Dize-nos: com que autoridade fazes estas coisas? Ou quem te deu esta autoridade?" (Lc 20,2), e então é levado ao Sinédrio e interrogado; como foi para Jesus agora o é para os apóstolos, os inimigos são sacerdotes e saduceus enquanto o povo está todo favorável àqueles. Continuando com o capítulo 5, encontramos os apóstolos que realizam muitos milagres, as pessoas que vêm também de países vizinhos, os inimigos cada vez mais furiosos, mas impotentes: tudo se assemelha aos tempos em que Jesus estava na Galileia. Até mesmo Estêvão se parece com Jesus, embora por outras razões. Lemos a história de sua morte e só podemos notar as semelhanças com a de Jesus na cruz: "E apedrejavam Estêvão, que invocava e dizia: 'Senhor Jesus, recebe o meu espírito!'" (7,59; Lc 23,34). Também no episódio de Filipe com o eunuco etíope (8,26-40), percebemos que se parece com o encontro de Jesus com os dois discípulos de Emaús: Filipe e o eunuco estão no mesmo caminho, Filipe se aproxima e faz uma pergunta, eles caminham juntos por um trecho da estrada ao longo do qual Filipe anuncia Jesus a partir das Escrituras, há um momento "sacramental", Filipe de repente desaparece e o eunuco continua seu caminho cheio de alegria. Um paralelo tão próximo e insistente entre Jesus e seus discípulos serve justamente para enfatizar a continuidade; "as testemunhas são, portanto, figuras que fazem Jesus voltar a viver na história, na história deles" (SEGALLA, 2006: 383): elas não apenas colocam em prática seu projeto, mas também tornam viva a sua presença.

É justamente esse entrelaçamento estreitíssimo de humano e divino a característica que, acima de tudo, dá unidade à obra de Lucas. Já no modo de narrar as histórias de Jesus, ele enfatizara a importância da fé, isto é, de uma contribuição dos atores humanos para que a salvação de Jesus pudesse se realizar; era apenas um aspecto marginal, que, no entanto, tornou-se absolutamente central no Livro dos Atos: somente com a colaboração da Igreja a salvação de Jesus chegará – como prometido – a todos os povos. Lucas tomou essa dimensão fundamental da salvação e a transmitiu de maneira adaptada: com um estilo que envolve o leitor, pedindo-lhe que não se contente em receber algum conhecimento, mas em participar ativamente na interpretação da história.

Mundo de Lucas

Se Marcos é o mais vivaz e Mateus o mais ordenado dentre os relatos evangélicos, Lucas é sem dúvida o mais versátil e o mais completo do ponto de vista do estilo. Ele é um narrador multifacetado: ele não apenas conhece bem a língua grega (a do *koiné*, evidentemente), da qual ele usa uma gramática correta e um vocabulário razoavelmente rico, mas também é capaz de diferenciar o estilo. O prólogo do Evangelho, por exemplo, é considerado uma peça de rara beleza literária, quase um grego clássico; as narrativas da infância, por sua vez, refletem a linguagem mais semítica da Bíblia grega. Da mesma forma, os longos discursos dos Atos têm um estilo oratório solene, enquanto as parábolas refletem uma narrativa clara e gostosa. Só Lucas sabe variar tanto. Além disso, ele sabe lidar com segmentos de histórias muito longos, que exigem que o leitor se esforce por manter unido um elevado número de episódios.

Outra característica de seu estilo poderia ser descrita da seguinte maneira: enquanto Mateus faz muitas citações do Antigo

Testamento, Lucas se limita a referências explícitas a textos, mas pontilha sua história de uma multiplicidade de alusões. Brodie estudou muito esse fenômeno, até demais: no final, ele vê alusões em todos os lugares (seu artigo de 1983 é emblemático); além dos exageros desse estudioso, em alguns casos tais alusões são evidentes, como quando Jesus ressuscita o filho da viúva de Naim (Lc 7,11-17): não há citação explícita, mas a história é construída tendo como paralelo o caso de quando o Profeta Elias ressuscitou o filho da viúva de Sarepta (1Rs 17,17-24), até mesmo uma sentença é idêntica (1Rs 17,23 e Lc 7,15: "o restituiu a sua mãe"). Lucas, portanto, é um hábil conhecedor das Escrituras, mas não da Palestina: do ponto de vista cultural elimina quase todas as palavras hebraico-aramaicas de Marcos, do ponto de vista geográfico, é muitas vezes impreciso e também não demonstra conhecer o estilo da vida local (em 5,19 ele diz, p. ex., que alguns homens passaram um paralítico pelo telhado; mas normalmente as casas de Cafarnaum não eram cobertas com telhas). Adicione-se a isso as referências históricas presentes tanto no Evangelho como nos Atos, como o conhecimento da cultura e hábitos do mundo greco-romano (deste ponto de vista o Livro dos Atos é fundamental), todos esses elementos fazem de Lucas um escritor bem inserido em seu contexto.

A tradição cristã desde o início identificou o autor do terceiro Evangelho e dos Atos com aquele Lucas de que Paulo fala em algumas de suas cartas, descrevendo-o como um de seus colaboradores: Fm 24; Cl 4,14; 2Tm 4,11. O fato de certas passagens do Livro dos Atos (as chamadas "seções") serem narradas na primeira pessoa do plural pode confirmar esse fato: At 16,10-17; 20,5-15; 21,1-18; 27,1–28,16. Ele seria, portanto, um dos colaboradores de Paulo, com quem compartilhou parte da segunda e da terceira viagens missionárias e depois também mudança aventureira para Roma. Muitas vezes os autores antigos fazem de Lucas um escriba fiel que transmitiu o Evangelho de Paulo (um pouco como Marcos fez com Pedro); dessa opinião são, por exemplo, Irineu, Tertuliano, Orígenes, Eusébio e Jerônimo. O prólogo "antimarcionista", acrescentado ao texto do século II, diz que Lucas é "um sírio de Antioquia, de arte médica, que se tornou discípulo dos apóstolos; no final, tendo seguido Paulo até seu martírio, tendo servido ao Senhor sem distração, não casado, sem filhos, ele morreu na Beócia aos oitenta e quatro anos, cheio de Espírito Santo" (o texto grego é relatado no apêndice da Sinopse de ALAND, 1996: 549).

Os autores modernos não estão totalmente de acordo sobre como interpretar esses dados; dizemos que, em geral, as notícias da tradição são consistentes com os elementos que emergem de seus escritos, mesmo que alguns detalhes não sejam verificáveis (que ele não era casado) e outros dificilmente são aceitáveis (o que teria feito uma síntese do Evangelho de Paulo: teologicamente improvável). Mas são interessantes os dados que se encaixam: é plausível que Lucas tenha sido um cristão da segunda geração, não um discípulo de Jesus, mas um colaborador de Paulo; ele era certamente um homem de grande cultura (não importa se era médico ou não), perfeitamente inserido no mundo helenístico no qual provavelmente foi formado, mas igualmente inserido na fé de Israel. É difícil dizer se ele escreveu seu Evangelho antes ou depois de Mateus (embora não muito antes nem muito depois), é certo que eles usaram fontes comuns, mas também que há material próprio e que a perspectiva de Lucas confirma a tradição que ele escreveria de e para uma comunidade helenística.

4

Evangelho segundo João*

O Evangelho segundo João é diferente. Muitos o disseram ao longo dos séculos, muitas vezes acrescentando um adjetivo: o Evangelho espiritual, o Evangelho celestial, o Evangelho teológico e muito mais. Lendo-o depois dos três sinóticos, também nós estaremos convencidos disso sem muita dificuldade. Em primeiro lugar, o padrão geográfico-cronológico geral muda completamente: não temos mais Jesus na Galileia, depois viajando e, finalmente, em Jerusalém; no Quarto Evangelho (outro nome com o qual é frequentemente indicado) Jesus se movimenta muito mais e o encontramos três vezes em Jerusalém por ocasião da Páscoa. Se olharmos para os episódios relatados, há pouquíssimas passagens em comum com os sinóticos (apenas 10%): não há as narrativas das tentações de Jesus, da transfiguração, da agonia no Getsêmani, da instituição da Eucaristia na última ceia. Há, outrossim, passagens originais, como as bodas de Caná, o diálogo com Nicodemos, o encontro com a samaritana, a ressurreição de Lázaro, o lava-pés...

Mas mais do que tudo isso, seremos atraídos pelo fato de que João parece estar em outra dimensão: os discursos são abundantes, nem sempre é fácil entender quando um diálogo termina e o pensamento do evangelista começa e, em mais de um oportunidade, o narrador se insere e explica o significado de um evento, uma palavra, um fato. O Evangelho de João é mais profundo e, por essa razão, aparentemente mais simples, mas de uma simplicidade que engana e torna complexa a sua interpretação, como poderemos ver ao lê-lo.

---

* Este capítulo foi completamente revisado pelo Dr. Andrea Albertin, professor de Sagrada Escritura no Instituto Superior de Ciências Religiosas de Pádua e na Faculdade Teológica do Trivêneto.

Prólogo hínico (1,1-18) e introdução narrativa (1,19-51)

O Evangelho segundo João começa com uma página de rara beleza, um poema que celebra a eterna vontade de Deus de se comunicar, de se tornar carne e história em Jesus. Vemos já a profundidade e novidade do texto joanino: para nos dizer quem é Jesus não satisfeito por começar com o Batista, e nem mesmo com o plano divino anunciado nos profetas; dá um enorme passo atrás, para antes da história, para o "princípio". Contudo, contemplar o ser eterno de Deus não é fantasiar sobre suas qualidades, mas sim evocar a obra da criação (no fundo existe a sabedoria eterna do Antigo Testamento) e proclamar a ação que a sustenta é a base de todo o Evangelho: "O Verbo se fez carne e habitou entre nós" (vers. 14). Isso se pode intuir a partir da escolha da palavra grega *logos* (traduzida para o latim com *verbum* e em português geralmente como "verbo" ou "palavra"), que em filosofias antigas indica o princípio de ordenação do universo, o que mantém o mundo vivo, a ordem do cosmos. João, portanto, começa lembrando-nos que Jesus é eternamente Deus e que Ele realmente se tornou um homem – para dizer sua humanidade, ele usa a palavra "carne", que no mundo bíblico indica o homem em toda a sua concretude e fragilidade.

Os primeiros 18 versículos do capítulo 1 são geralmente referidos como "prólogo", embora em si mesmos não tenham essa forma literária. Eles oferecem a estrutura de significado dentro da qual compreender a história que será contada: Jesus, o *Logos* eterno feito carne, é "o desdobramento de Deus no mundo" (ZUMSTEIN, 2014: 50). Alguns autores falam de um "prólogo hínico", para distingui-lo dos demais versículos do capítulo (1,19-51) que se prefere chamar de "prólogo narrativo". Deixando o tom poético, João passa à prosa e narra em quatro cenas (destacadas pela indicação cronológica "o dia seguinte": 1,29.35.43) a passagem de João Batista a Jesus. É o começo da narração evangélica, que imediatamente traz à luz uma característica importante do Evangelho segundo João: apesar de ser solenemente profundo, enquanto investiga a dinâmica mais misteriosa do plano de Deus e do coração humano, o aspecto relacional (ou testemunho) nunca falha. De fato, tudo se desenrola em relacionamentos pessoais: João indica

Jesus aos discípulos e André o dá a conhecer a seu irmão Simão, e o que Jesus lhes pede é simplesmente que o sigam.

Em seu conjunto, o capítulo 1 é uma introdução a todo o resto do Evangelho. Segalla o diz brevemente (1992: 292):

> O hino ao Verbo Encarnado, Revelador do Pai, rejeitado e aceito, não preanuncia apenas os temas principais, que serão desenvolvidos na narrativa do Evangelho (luz-escuridão, vida-morte, testemunho de João, a visão da glória do Unigênito, a verdade trazida por Ele, o mundo, os seus...), mas também preanuncia o drama da luta entre a luz e as trevas (1,5), entre a recusa e aceitação da Palavra, Filho de Deus (1,10-13). No entanto, o drama já está implicitamente resolvido, pois o hino em si é a confissão de uma comunidade de crentes, expressa no "nós" da segunda parte (1.14.16.17).

E depois acrescenta, passando aos seguintes versículos: "Neste prólogo narrativo já existe uma cristologia quase completa; Jesus é declarado Messias, Filho de Deus, Filho do Homem, 'Cordeiro de Deus que tira o pecado do mundo', 'Aquele que batiza no Espírito Santo' (1,33). Nas sequências sucessivas do Quarto Evangelho, a mensagem cristológica é repetida várias vezes" (SEGALLA, 1992: 293). Como os outros evangelistas, João também abriu sua narrativa apresentando as dinâmicas que se repetirão até o fim; fez isso à sua maneira, fazendo-nos já provar seu estilo "espiritual".

Sinais e discursos de revelação perante o mundo (2,1–12,50)

Depois do prólogo hínico e do prólogo narrativo, encontramos a primeira grande parte do nosso Evangelho (2,1–12,50). A maioria dos comentaristas prefere chamá-la "o livro dos sinais", porque aí é narrada uma série de sete prodígios operados por Jesus, que o evangelista não chama de "milagres" mas de "sinais", e dezesseis das dezessete ocasiões em que ele usa essa palavra estão nessa primeira parte do Evangelho (a última está no resumo do final, no capítulo 20), mas notamos que não se trata apenas de um elenco de sinais, mas também de numerosos diálogos, controvérsias e discursos de Jesus com o mesmo o objetivo: por meio das palavras e gestos narrados, Jesus revela algo de si mesmo. Mais oportunamente, podemos dizer que na primeira parte do Quarto Evangelho, Jesus manifesta sua glória diante do mundo.

Nessa primeira parte, podemos reconhecer três seções principais: capítulos 2-4; 5-10; 11-12. A primeira seção começa com Jesus, que em Caná da Galileia (um vilarejo a poucos quilômetros de Nazaré) faz o primeiro sinal: transforma água em vinho durante uma festa de casamento; então Ele sobe a Jerusalém pela primeira vez, entra nos pátios do Templo e expulsa os vendilhões; discute com Nicodemos; para por um período ao longo do Jordão; retorna ao Norte passando pela Samaria, onde ocorre o famoso encontro com a mulher no poço; finalmente volta para Caná, onde cura o filho de um oficial real. O último episódio começa com uma referência explícita ao primeiro ("Dirigiu-se, de novo, a Caná da Galileia, onde da água fizera vinho", 4,46), permitindo-nos assim delimitar esses capítulos com razoável certeza. Assim começa João, após o prólogo: três capítulos em que Jesus cobre um itinerário mais longo do que aquele traçado pelos sinóticos; nesse movimento de Norte a Sul e depois de retorno ao Norte, por meio de ações (sinais) e diálogos, Jesus se revela como "um exegeta do Pai" e as reações diante dele são as mais variadas.

O tempo de sua plena manifestação ao mundo ainda não chegou, como lembra sua mãe em 2,4, mas o começo é bom: "Com este, deu Jesus princípio a seus sinais em Caná da Galileia; manifestou a sua glória, e os seus discípulos creram nele" (2,11). O mesmo pode ser dito da sua breve estada na Cidade Santa: é verdade que o gesto de purificação do Templo não é compreendido imediatamente (mas somente depois da Páscoa: 2,22); não obstante, a síntese de 2,23 é reconfortante: "Estando Ele em Jerusalém, durante a Festa da Páscoa, muitos, vendo os sinais que Ele fazia, creram no seu nome", embora um grupo, que na sequência do Quarto Evangelho, indicado como os *Ioudáoi* (os judeus), fermenta uma aversão cada vez mais acirrada em relação a Ele. Aumenta a lista daqueles que creem em Jesus, acrescentando os samaritanos (4,42) e o oficial real (4,50). Essa primeira seção do

Evangelho segundo João narra, portanto, o início da revelação de Jesus e as diferentes respostas de fé no ambiente judaico e no mundo extrajudaico. Diante de Jesus, que revela o Pai, alguns expressam uma confiança incondicional (Maria, os discípulos, os samaritanos, o oficial real), outros iniciam um caminho de amadurecimento na fé (Nicodemos, a mulher samaritana) e finalmente outros se fecham em hostilidade e rejeição (o grupo dos "judeus"). Não obstante, o Jesus narrado por João não confia naqueles que creem por causa dos sinais (2,23-25)!

Só mais uma nota para completar o quadro: o encontro com Nicodemos (cap. 3) e com a mulher samaritana (cap. 4) são semelhantes entre si porque em ambos Jesus se manifesta por meio de um diálogo; no entanto, diferem muito na maneira pela qual Jesus se revela. Com o sábio Nicodemos, ele conduz uma reflexão teológica bastante complexa; com a samaritana, parte de uma dificuldade prática (pede água para beber), passa pela vida pessoal da mulher (os cinco maridos e a atual coabitação), responde às perguntas de seu povo (o contraste com Jerusalém). Assim, vemos que a dimensão relacional já vislumbrada no prólogo narrativo retorna: Jesus se revela respeitando a sensibilidade e os tempos das pessoas que encontra, porque a fé não é apenas uma questão de saber algo, mas também e sobretudo um encontro com Jesus. Compreenderam-no bem os samaritanos, que dizem à mulher: "Já agora não é pelo que disseste que nós cremos; mas porque nós mesmos temos ouvido e sabemos que este é verdadeiramente o Salvador do mundo" (4,42).

Uma segunda seção mais ampla inclui os capítulos 5-10 (5,1–10,42), que se unem pela referência de fundo às grandes festas judaicas: no capítulo 5 a questão diz respeito ao sábado e teria como pano de fundo a Festa das Semanas (BEUTLER, 2006: 7-14); no capítulo 6, a Páscoa; de 7,1 a 10,21 a Festa das Tendas; de 10,22 a 10,42 a Festa da Dedicação. As festas em si não são o tema, mas oferecem a Jesus a oportunidade de oferecer uma revelação mais profunda de si mesmo a partir de algum elemento da festa celebrada. Assim, diante dos judeus que o criticam por curar um paralítico no sábado, Jesus diz: "Meu Pai trabalha até agora, e eu trabalho também" (5,17); como se dissesse: estou no mesmo nível daquele que deu o preceito do sábado, então me permito superar isso. Por ocasião da Páscoa, Jesus realiza dois sinais que lembram os eventos do Êxodo: Ele multiplica os pães (alusão ao maná) e caminha sobre as águas (a passagem do mar). Há duas ações que ainda continuam a revelação de Jesus: para os discípulos cheios de medo Ele diz "Eu Sou" (6,20), usando uma frase que no Antigo Testamento caracteriza a revelação de Deus; à multidão que o ouviu, depois da multiplicação dos pães, Ele diz palavras do mesmo teor: "Eu sou o pão vivo que desceu do céu; se alguém dele comer, viverá eternamente; e o pão que eu darei pela vida do mundo é a minha carne" (6,51).

Durante a Festa das Tendas a terminologia muda, mas o conceito permanece: Jesus diz "Eu sou a luz do mundo" (8,12); "Eu sou a porta das ovelhas" (10,7-9); "Eu sou o bom pastor" (10,11.14). São todas imagens que colocam Jesus no mesmo nível de Deus, o Pai: é uma altura impensável, que Jesus não só permite a intuição através de imagens, mas em muitas ocasiões afirma abertamente; durante a Festa da Dedicação, por exemplo, Ele declara: "Eu e o Pai somos um" (10,30). Podemos, portanto, afirmar que nessa segunda seção do Evangelho, sinais e controvérsias reiteram o que os judeus contestam em Jesus como blasfêmia – e que Ele insiste em proclamar como verdade: Ele está no mesmo nível de Deus (a inclusão de 5,18 e 10,31-33 enfatiza fortemente isso). Portanto, a revelação continua, e com ela a hostilidade, mesmo que os últimos versículos dessa parte do Evangelho nos convidem a não pensar que todos sejam hostis como os judeus: "Novamente, se retirou para além do Jordão, para o lugar onde João batizava no princípio; e ali permaneceu. E iam muitos ter com Ele e diziam: Realmente, João não fez nenhum sinal, porém tudo quanto disse a respeito deste era verdade. E muitos ali creram nele" (10,40-42).

Os sentimentos de Jesus

Junto com Marcos, João é o Evangelho que deixa mais espaço para os sentimentos de Jesus; em particular, verbos que expressam algum sentimento têm uma forte concentração no episódio da ressurreição de Lázaro (cap. 11) e nos discursos de despedida (cap. 13-17). Remetemos aos estudos específicos para aprofundamentos posteriores (cf., p. ex., SEGALLA, 2007); aqui gostaríamos somente de nos deter em uma consideração sobre Jo 11–12. Lendo os primeiros doze capítulos do Evangelho nos deparamos com um Jesus com traços divinos: Eu sou a luz do mundo, eu sou a ressurreição e a vida, eu e o Pai somos um... Encontramos um Jesus que parece passar acima da história dos homens, revelando sua identidade elevadíssima por meio de sinais e discursos. Parece, mas não é. Diante da perspectiva da morte iminente, por exemplo, Ele diz: "Agora, está angustiada a minha alma, e que direi eu? 'Pai, salva-me desta hora?' Mas precisamente com este propósito vim para esta hora. 'Pai, glorifica o teu nome'. Então, veio uma voz do céu: 'Eu já o glorifiquei e ainda o glorificarei'" (12,27-28). Com uma imagem que se assemelha à oração do Getsêmani relatada pelos sinóticos, João nos fala de um Jesus que abraça a vontade do Pai, mas não sem angústia em seu coração. O episódio de Lázaro é ainda mais significativo. Quando descobre que seu amigo está morto, Jesus simplesmente diz: "Nosso amigo Lázaro adormeceu, mas vou para despertá-lo" (11,11); e quando encontra Marta, uma das duas irmãs da morte, diz a ela: "Seu irmão ressuscitará"; e acrescenta: "Teu irmão há de ressurgir"; e ainda: "Eu sou a ressurreição e a vida. Quem crê em mim, ainda que morra, viverá; e todo o que vive e crê em mim não morrerá, eternamente. Crês isto?" (11,23-26). Mas quando Ele mais tarde encontra a outra irmã, Maria, "Jesus, vendo-a chorar, e bem assim os judeus que a acompanhavam, agitou-se no espírito e comoveu-se. E perguntou: Onde o sepultastes? Eles lhe responderam: Senhor, vem e vê! Jesus chorou" (11,33-35). Ele sabe que tem o poder de ressuscitar Lázaro, na verdade já sabe que fará isso (veio de propósito); mas, ao ver Maria chorando, Jesus também começa a chorar. A razão das lágrimas é imediatamente dita pelos presentes: "Vede quanto o amava" (11,36); e de fato várias vezes ao longo da passagem foi dito que Jesus e Lázaro eram amigos. Por mais profundo que seja, mesmo João não é a revelação de uma verdade abstrata, mas a narração de uma pessoa concreta, como ele havia cantado no prólogo: "o Verbo se fez carne" (1,14).

A terceira seção do nosso Evangelho vai de 11,1 a 12,50: primeiro narra a ressurreição de Lázaro; depois a decisão do Conselho de matar Jesus; a unção de Betânia; a entrada triunfal em Jerusalém (já são três viagens a Jerusalém); e um diálogo-monólogo de Jesus anunciando que sua hora é iminente. O que mantém unida essa parte é a constante referência à morte de Jesus – já iminente a essa altura. É paradoxal, porque o último sinal – a ressurreição de Lázaro – serviu para mostrar que Jesus é a vida, "Eu sou a ressurreição e a vida", diz a Marta, a irmã do defunto (11,25). Jesus é vida, mas será morto. Como os sinais precedentes, isso também leva à fé: "Muitos, pois, dentre os judeus que tinham vindo visitar Maria, vendo o que fizera Jesus, creram nele" (11,45); mas como ocorreu anteriormente, acontece agora: há quem reaja ao sinal tentando matar Jesus, alguns dos presentes denunciam o fato aos fariseus, os quais reúnem o sinédrio que decide por eliminá-lo. Isso se torna grave: não é mais o caso de tentativa de linchamento, mas uma escolha calculada pelo tribunal supremo (a frieza do cálculo é refletida nas palavras de Caifás em 11,49-50). A última imagem que Jesus usou para falar sobre si mesmo no capítulo 10 antecipa o trágico destino: "Eu sou o bom pastor [...] e dou a minha vida pelas ovelhas" (10,14.15); agora a metáfora do grão, que cai na terra e produz frutos apenas se morrer, não deixa mais dúvidas (12,24). Quando Maria unge os pés de Jesus e Judas reclama do desperdício de óleo precioso, Jesus o repreende dizendo: "Deixa-a! Que ela guarde isto para o dia em que me embalsamarem" (12,7). A morte está se aproximando. Tentativas anteriores de linchamento ou detenção fracassaram porque "sua hora ainda não tinha chegado" (7,30; 8,20); mas agora é o próprio Jesus que diz: "Chegou a hora de o Filho do Homem ser glorificado" (12,23).

Assim os capítulos 11-12 fecham a primeira parte do Evangelho e introduzem a segunda. Pela enésima vez, Jesus se revela por meio de um sinal, ao qual alguns reagem com fé e outros com incredulidade; agora, contudo, prevalece a segunda atitude, conforme o comentário com o qual o evangelista encerra o capítulo 12: "E, embora tivesse feito tantos sinais na sua presença, não creram nele" (12,37). E isso não é tudo, já que depois de um tempo ele acrescenta: "Contudo, muitos dentre as próprias autoridades creram nele, mas, por causa dos fariseus, não o confessavam, para não serem expulsos da sinagoga; porque amaram mais a glória dos homens do que a glória de Deus" (12,42-43). A descrença leva à violência e a violência levará à morte de Jesus, que, no entanto, não será o fim de tudo, mas o momento de sua maior manifestação. Conforme preanunciado no prólogo, as trevas se adensam, mas não serão capazes de prevalecer sobre a luz (1,5).

A revelação de Cristo diante dos seus (13,1–20,31)

"Antes da Festa da Páscoa, sabendo Jesus que era chegada a sua hora de passar deste mundo para o Pai, tendo amado os seus que estavam no mundo, amou-os até ao fim" (13,1). Assim começa a segunda grande parte do Quarto Evangelho, introduzindo uma nova interpretação: tudo o que Jesus fez até agora antes daqueles que entraram em um relacionamento com Ele é uma revelação de amor, e o que está prestes a fazer nos dias de sua paixão-morte é o cumprimento desse amor, comunicado de maneira especial aos discípulos, cuja presença domina a cena até o final da narrativa do Evangelho; na verdade, devemos traduzir "amou-os até *consumação*", isto é, até a cruz, até que Ele pronuncie suas últimas palavras: "*Está consumado*" (19,30). Essa segunda parte também é dividida em três seções: os capítulos 13-17 relatam o último discurso de Jesus aos seus seguidores, introduzido pelo lava-pés e concluído por uma longa oração; os capítulos 18-19 são o relato da paixão, emoldurado por uma referência geográfica: tudo começa e termina em um jardim (18,1 e 19,40); finalmente o capítulo 20 narra as manifestações de Jesus ressuscitado, a uma distância de uma semana uma da outra. Como Marcos, João também retarda enormemente o tempo nos últimos dias da vida de Jesus: oito capítulos durante dez dias, enquanto os doze capítulos anteriores cobriram pelo menos dois anos (é a terceira vez que estamos em Jerusalém para a Páscoa). Mas o melhor quinhão não é o relato da paixão (como em Marcos), mas a última ceia, que dura apenas uma noite, mas ocupa cinco capítulos. Para João, é essencial não só contemplar o crucificado ("Hão de olhar para Aquele que trespassaram", diz Zacarias no texto citado em 19,37), mas também e sobretudo conhecer o último encontro de Jesus com os seus discípulos.

Estamos, portanto, na primeira seção: 13,1–17,26. O capítulo 13 se abre com o lava-pés, o que leva a um diálogo de Jesus com seus discípulos; como sói acontecer, longos monólogos se entrelaçam com o diálogo; tudo se conclui (cap. 17) com uma oração de Jesus ao Pai.

O ponto de partida é a última ceia, durante a qual Jesus lava os pés dos seus discípulos. O episódio, narrado somente por João, tem a função de antecipar a maneira pela qual Jesus viverá a paixão e o significado que dará a esse evento: um serviço incondicional e uma oferta de amor. O contraste é incrível: "Jesus, sabendo que o Pai tudo confiara às suas mãos, e que Ele viera de Deus, e voltava para Deus, levantou-se da ceia, tirou a vestimenta de cima e, tomando uma toalha, cingiu-se com ela. Depois, deitou água na bacia e passou a lavar os pés aos discípulos e a enxugar-lhos com a toalha com que estava cingido" (13,3-5). Ainda nos deparamos com os dois extremos aparentemente estranhos com os quais João abriu o seu Evangelho: consciente de ter o mundo em suas mãos (Ele é a Palavra eterna), Jesus realiza um gesto entre os mais humildes (é o Verbo que se fez carne). E então Ele explica: "Eu vos dei o exemplo, para que, como eu vos fiz, façais vós também" (13,15). Com o lava-pés, Jesus simbolicamente indicou o caminho, convidando seus discípulos a segui-lo: um amor inimaginável, porque oferecido aos discípulos que não compreendem bem, não entendem e continuam capazes de traição e negação, e chega à cruz, o caminho que conduz ao Pai.

Ao longo dos chamados "discursos de despedida" (cap. 14-17), alguns tópicos do capítulo 13 são tomados com variações sugestivas: a partida de Jesus, o amor e o ódio do mundo. A partida iminente de Jesus por causa da paixão não equivale à sua ausência: Ele continuará presente de maneira paradoxal (os discípulos cheios do Espírito, que viverão em amor mútuo). Daí o urgente convite a permanecer em Jesus, a não se deixar separar de seu amor; não é uma sugestão, mas uma necessidade (Jesus usa repetidamente o imperativo: "permanecei"): o ramo que se separa da videira morre. Mas não é apenas um mandamento, uma imposição: é o convite para entrar e permanecer na dinâmica do amor eterno que une o Filho ao Pai: "Como o Pai me amou, também eu vos amei; permanecei no meu amor" (15,9). Jesus nos pede que guardemos os seus mandamentos, mas como expressão de amor e de amor que leva à comunhão com Deus: "Aquele que tem os meus mandamentos e os guarda, esse é o que me ama; e aquele que me ama será amado por meu Pai, e eu também o amarei e me manifestarei a ele" (14,21). E então declara: "O meu mandamento é este: que vos ameis uns aos outros, assim como eu vos amei" (15,12). É um "círculo virtuoso": o amor do Pai pelo Filho é derramado sobre os discípulos, que, amando-se mutuamente, permanecem no amor de Deus.

Um aspecto a ser previsto, nessa lógica do amor, é o ódio do mundo: quem quer que se torne parte da comunhão de Deus deve esperar ser odiado pelo mundo como são o Pai e o Filho. No entanto, Jesus não só anuncia aos seus seguidores que eles serão odiados, mas também os tranquiliza: quando Ele não estiver mais lá para os defender, enviará o Espírito Santo. Como advogado e consolador (paráclito), esse Espírito cuidará deles: Ele os apoiará, defenderá e assegurará que o maligno será derrotado. Não há necessidade de temer, o resultado já está escrito: "Tende coragem eu venci o mundo" (16,33).

Assim, o discurso de Jesus move-se nestes dois trilhos: de um lado, o convite urgente (são muitos os imperativos) a percorrer o caminho, ao amor mútuo como o dele, ou seja, até o *cumprimento*; de outro, a promessa de que tudo isso levará os discípulos a uma reconfortante comunhão com Deus (o Pai, o Filho e o Espírito Santo). Em harmonia com tudo isso está a oração do capítulo 17, com o qual Jesus confia os discípulos ao Pai: "Já não estou no mundo, mas eles continuam no mundo, ao passo que eu vou para junto de ti. Pai santo, guarda-os em teu nome, que me deste, para que eles sejam um, assim como nós" (17,11).

A segunda seção é mais curta (18,1–19,42) e é dividida em cinco cenas: a prisão; o interrogatório no palácio do sumo sacerdote; o diálogo com Pilatos; a crucificação; o sepultamento. Em suma, são os mesmos eventos relatados pelos sinóticos (e na mesma ordem); mas a maneira como João os narra faz a diferença: aqui, é Jesus quem soberanamente guia os acontecimentos. Em um jardim além da corrente de Cedron, eles vão prendê-lo; "Sabendo, pois, Jesus todas as coisas que sobre Ele haviam de vir, adiantou-se e perguntou-lhes: 'A quem buscais?' Responderam-lhe: 'A Jesus, o Nazareno'. Então, Jesus lhes disse: 'Sou eu'. Ora, Judas, o traidor, estava também com eles. Quando, pois, Jesus lhes disse: 'Sou eu', recuaram e caíram por terra" (18,4-6). Ele não foge, mas avança e somente com sua palavra derruba os guardas. Pouco depois, encara o sumo sacerdote: a única possibilidade é a violência. Conduzido a Pilatos, transforma o processo em uma nova revelação de sua grandeza: "Respondeu Jesus: O meu reino não é deste mundo. Se o meu reino fosse deste mundo, os meus ministros se empenhariam por mim, para que não fosse eu entregue aos judeus; mas agora o meu reino não é daqui", disse a Pilatos; e quando o procurador lhe pergunta se Ele realmente é um rei, Jesus responde: "Tu dizes que sou rei" (18,36-37). Os soldados o vestem como rei para zombaria, mas enquanto isso – ironicamente – eles o proclamam pelo que Ele é; como Pilatos, que antes de mandar Jesus ao patíbulo, diz aos judeus: "Eis o vosso rei" (19,14). O reconhecimento mais universal (embora ainda ironicamente) ocorre na cruz; Jesus é crucificado perto da cidade, em um lugar visível a muitos, e a inscrição com o motivo da sentença é outra revelação solene (nas três línguas do lugar: hebraico, latim e grego): "Jesus nazareno, o rei dos judeus" (19,19).

Comenta sinteticamente Segalla (2006: 502-503):

> A conclusão da dramática luta entre Jesus e o mundo não é narrada como uma tragédia, mas sim como um caminho real que, do Getsêmani, conduz ao trono da cruz. A soberania divina prevalece sobre a fragilidade de sua humanidade ante os que o capturam, diante de Caifás e finalmente diante de Pilatos [...] a majestade do Senhor ressuscitado ilumina o rosto de Jesus, que percorre seu caminho real até a declaração oficial colocada no alto da cruz: "Jesus nazareno, rei dos judeus".

Um triunfo. Jesus é o grão de trigo que morre para dar frutos; e o Evangelista João, sabendo já quão grande será a colheita, relata sua morte não como alguém que teme a derrota, mas como alguém que anuncia um triunfo.

A última seção (20,1-31) narra a descoberta do túmulo vazio e as manifestações do Jesus ressuscitado. Um primeiro quadro é ambientado do lado de fora, perto do túmulo, e outro no interior, no lugar fechado onde a comunidade de discípulos estava reunida. Querendo entrar em mais detalhes, em cada pintura duas cenas podem ser reconhecidas: os dois discípulos no sepulcro e o encontro de Maria Madalena com Jesus formam a primeira gravura, enquanto a segunda narra a manifestação aos discípulos primeiro sem e depois com Tomé. Como já vimos, com a sua morte na cruz, Jesus foi glorificado e completou a obra que lhe foi confiada pelo Pai. O que ainda está faltando? De acordo com suas próprias palavras, falta apenas a conclusão do percurso iniciado no prólogo: o retorno ao seio do Pai. Ele diz isso a Maria Madalena: "Não me detenhas; porque ainda não subi para meu Pai" (20,17). Antes de subir, Ele mantém as promessas feitas aos seus discípulos durante a última ceia: dá-lhes o Espírito Santo, para que possam continuar quando Ele não estiver mais. Porque a perspectiva é esta: o Verbo realizou sua obra e agora retorna ao Pai.

Nessa mesma direção, vemos uma insistência muito grande no verbo "ver": em grego, há três sinônimos, organizados ordenadamente no texto, para um total de onze ocorrências em um capítulo. Ver é fundamental para a fé dos discípulos: do que entra no túmulo vazio depois de Pedro se diz que "ele viu e acreditou" (21,8). Além disso, desde o início do Evangelho a fé nasceu de uma visão: "Estando Ele em Jerusalém, durante a Festa da Páscoa, muitos, vendo os sinais que Ele fazia, creram no seu nome" (2,23). Até agora, portanto, o acreditar andava de mãos dadas com a visão; agora o paradigma muda radicalmente: "Pois ainda não tinham compreendido a Escritura, que era necessário ressuscitá-lo dentre os mortos" (20,9). A fé em Jesus está intimamente ligada à confiança nas Escrituras, da qual o Evangelho segundo João se torna parte. Assim acontecerá, na cena seguinte, com Madalena, que reconhece Jesus ressuscitado apenas pela voz, por seu falar: "Disse-lhe Jesus: 'Maria!' Ela, voltando-se, lhe disse, em hebraico: 'Raboni' (que quer dizer Mestre)'" (20,16). Na mesma linha, as palavras de Jesus a Tomé: "Porque me viste, creste? Bem-aventurados os que não viram e creram!" (20,29). Agora que Jesus retorna ao Pai, a fé não é impossível e, portanto, a salvação, como repetido muitas vezes no Evangelho; só é necessário mudar de rumo: pode-se alcançar a fé mesmo sem ver os sinais do Mestre ou a glória do Verbo feito carne. De fato, como dizem as últimas palavras do capítulo, esse é o caminho para a fé que o evangelista traça para seus leitores: crer através do testemunho escrito dos sinais feitos por Jesus, isto é, as páginas do Evangelho (20,30-31).

Essa última seção, portanto, não apenas conclui a segunda parte e, em certo sentido, todo o percurso iniciado no capítulo 1 (com a glória da cruz Jesus completa a obra e retorna ao Pai), mas também abre para um novo começo: como os outros Evangelhos, João encerra com uma prolepse que vai além dos limites da história (em jargão se diria "extradiegética"). De novo à sua maneira: como havia antecipado o início em comparação com sinóticos (não João Batista ou José e Maria, mas o "princípio"), assim também se prolonga além da medida, incluindo pessoas que não estão presentes dentro da narrativa: seus leitores/ouvintes.

Epílogo (21,1-25)

Não há dúvida entre os estudiosos de que o capítulo 21 foi entregue a uma mão diferente da que escreveu o resto do Evangelho: dizemos que é mais "sinótico" como estilo. No entanto, existem diferentes maneiras de interpretar os dados. Muitos autores acreditam que este é um acréscimo: o texto original teria terminado com a conclusão solene de 20,30-31, mas alguém considerou apropriado inserir um capítulo novamente. Um pouco como o final de Marcos, não seria a iniciativa pessoal de algum escriba insatisfeito, mas de uma escolha compartilhada pelas primeiras comunidades cristãs que acolheram o texto de João como é hoje, com o capítulo 21, e não sem. Também do ponto de vista da crítica textual, deve-se dizer que esses versículos são encontrados em todos os manuscritos mais antigos. Outros autores, por seu turno, não gostam de falar sobre adição, preferem ver o trabalho do editor final do Quarto Evangelho, que não apenas escreveu este último capítulo, mas também revisou todo o resto, de maneira harmoniosa.

O comentário clássico de Brown (1979: 1.341) introduz o capítulo com estas palavras: "Um relato adicional de uma aparição dos ressuscitados na Galileia, que é usada para mostrar como Jesus proveu as necessidades da Igreja". De um ponto de vista cristológico, na verdade, esse texto nada acrescenta ao caminho concluído com o capítulo 10. É sobre o tema eclesiológico, contudo, que o epílogo coloca sua insistência: Jesus ressuscitado, de fato, sugere o significado e a importância de Pedro e do Discípulo Amado para o período pós-pascal. Não há receio de institucionalização excessiva da Igreja: ao lado de Pedro, no seu papel de pastor universal, permanece a figura carismática do Discípulo Amado, autor do testemunho escrito do Quarto Evangelho; e então as três perguntas de Jesus lembram a tripla negação de Pedro, que certamente não é um super-herói. Mas, acima de tudo, as últimas palavras de Jesus contam para aquele a quem Ele confia seu rebanho: "Segue-me" (repetido nos vers. 19 e 22). A Igreja não é de Pedro, mas de Jesus. O discípulo só deve continuar a fazer o que sempre fez, desde o início do primeiro Evangelho, Mateus: seguir a Jesus.

João: um mistério tornado acessível

Na conclusão da leitura, podemos dizer que, embora com muitas diferenças em relação às outras, o Evangelho de João também narra a história de Jesus; dá muito espaço para reflexões, é claro, mas nunca perde sua ancoragem com a realidade histórica (na verdade, em alguns aspectos, é mais detalhada do que os outros evangelistas). Dito isso, como fizemos para os sinóticos, nos perguntamos: Qual é o propósito dessa narrativa? Teoricamente, não é difícil responder; a conclusão do capítulo 20 diz explicitamente a intenção com a qual o Evangelho foi escrito: "Na verdade, fez Jesus diante dos discípulos muitos outros sinais que não estão escritos neste livro. Estes, porém, foram registrados para que creiais que Jesus é o Cristo, o Filho de Deus, e para que, crendo, tenhais vida em seu nome" (20,30-31). João escreve, portanto, para que quem o lê creia em Jesus, mas a resposta ainda é genérica: Esse é o mesmo objetivo dos quatro Evangelhos! Por outro lado, nosso Evangelho é escrito para despertar a fé ou fortalecer a daqueles que já são crentes? Sobre isso, a tradição manuscrita de 20,31 ainda suscita um acalorado debate entre especialistas. Portanto, convém especificar a questão: Que itinerário de fé o Quarto Evangelho nos propõe? Dois elementos podem ser destacados a partir da afirmação do prólogo: "O Verbo se fez carne" (1,14).

Primeiro, João enfatiza muito a transcendência de Jesus, sua divindade. O prólogo não tem dúvidas: "No princípio era o Verbo e o Verbo estava com Deus e o Verbo era Deus" (1,1). No curso de sua vida terrena, então, Jesus não apenas fez grandes e belas coisas: Ele realizou ações (sinais) que diziam que Ele era como Deus, como vimos especialmente nas controvérsias relacionadas às festas judaicas (cap. 5-10); nesse contexto, Jesus esteve, por esse mesmo motivo, sob acusação: "Não é por obra boa que te apedrejamos, e sim por causa da blasfêmia, pois, sendo Tu homem, te fazes Deus a ti mesmo" (dizem os judeus a Jesus: 10,33). Enquanto seus inimigos se perguntam de onde Ele vem, Jesus repete que é "do alto", que é de Deus (8,23); pelo contrário, Ele frequentemente diz que não é "deste mundo", como quando diz a Pilatos: "Meu reino não é deste mundo [...]; meu reino não vem de baixo" (18,36). Sem mencionar quando Jesus diz aos "judeus": "'Abraão, vosso pai, alegrou-se por ver o meu dia, viu-o e regozijou-se'. Perguntaram-lhe, pois, os judeus: 'Ainda não tens cinquenta anos e viste Abraão?' Respondeu-lhes Jesus: 'Em verdade, em verdade eu vos digo: antes que Abraão existisse, Eu Sou" (8,56-58). Estes são apenas alguns exemplos, dignamente concluídos pela profissão de fé de Tomé, que antes do Ressuscitado diz: "Meu Senhor e meu Deus" (20,28). João é o único Evangelho no qual se diz explicitamente que Jesus é Deus.

Segundo: ao aludir ou afirmar constantemente a divindade de Jesus, o Quarto Evangelho também enfatiza sua humanidade, a historicidade de sua revelação. Jesus não é apenas um homem de verdade, no sentido de que sofre pela perda de um amigo ou na perspectiva de sua dolorosa morte (como vimos nos cap. 11-12); mas também porque seu modo de trazer vida está sujeito às leis da história. Sua revelação está de fato ligada à decisão do destinatário: cabe a eles decidir se aceitam ou recusam esse dom. Jesus diz a Nicodemos: "Porquanto Deus enviou o seu Filho ao mundo, não para que julgasse o mundo, mas para que o mundo fosse salvo por Ele. Quem nele crê não é julgado; o que não crê já está julgado, porquanto não crê no nome do unigênito Filho de Deus" (3,17-18). É claro que o final já está escrito: "Coragem, eu venci o mundo" (16,33); mas o drama da rejeição é um assunto sério e real, enfatizado em mais de uma ocasião ao longo do Evangelho. Talvez a frase que melhor represente essa dinâmica histórica de revelação seja um dos primeiros versículos do prólogo: "A luz resplandece nas trevas, mas as trevas não a aceitaram" (1,5), dizia a tradução oficial italiana antes de 2008; o novo texto traz: "e as trevas não prevaleceram contra ela". Em grego, há um verbo difícil de traduzir e que significa as duas coisas; temos o duplo sentido, que fala bem da dinâmica de todo o Evangelho: as trevas buscam superar a luz, mas já perderam desde o início, porque não é graças às trevas que percebemos a luz, mas o contrário, isto é, isto é, somente porque a luz da Palavra eterna brilha, a presença das trevas se torna dramaticamente conhecida.

"Verdadeiro Deus e verdadeiro homem", recitaria uma formulação teológica mais recente; "Palavra feita carne", João prefere dizer. O Quarto Evangelho narra a história de Jesus enfatizando muito a plena divindade, mas também a verdadeira humanidade; e para o leitor não há dois elementos indiferentes. Por um lado, de fato, o Jesus de João é sempre "misterioso", não no sentido de Marcos: Jesus não escapa, simplesmente sua realidade é tão profunda que imagens (e palavras) não são suficientes para capturá-lo e transmiti-lo. O Jesus de João é sempre extremamente "real": Ele é misterioso mas não inacessível, seus milagres são "sinais": certamente não pura contemplação da face de Deus, mas algo que realmente revela suas características. "Ninguém jamais viu a Deus; o Deus unigênito, que está no seio do Pai, é quem o revelou" (1,18).

O Evangelho segundo João narra a história terrena de Jesus na consciência de que é um mistério, mas um mistério tornado acessível. A Primeira Carta de João retornará a este assunto; Santo Agostinho o comenta com um texto difícil de traduzir: "*Erat unde videremus carnem, sed non erat unde videremus Verbum: factum est Verbum caro, quam videre possemus, ut sanaretur in nobis unde Verbum videremus*" ["Podíamos ver a carne, mas para ver o Verbo não tínhamos os meios; então o Verbo se fez carne e pudemos e a esta podemos ver, a fim de obter a cura daquela visão interior, a única que nos permite ver a Palavra"] (Homilia 1.1 apud MADURINI, 2005: 18). Antes da manifestação do Verbo eterno de Deus, que se fez carne em Jesus, é necessário decidir: "A todos quantos o receberam, deu-lhes o poder de serem feitos filhos de Deus, a saber, aos que creem no seu nome; os quais não nasceram do sangue, nem da vontade da carne, nem da vontade do homem, mas de Deus" (1,12-13). Essa aceitação na fé requer uma postura pública em favor de Jesus, na forma de um testemunho verbal e existencial, como em uma espécie de processo: haverá consequências a serem pagas. No entanto, isso não nega que "crendo, tenhais vida em seu nome" (20,31).

O mundo de João

Numa primeira leitura, o Evangelho segundo João parece mais simples do que os outros no que diz respeito ao estilo. Esse efeito é explicado observando-se que o vocabulário usado no Quarto Evangelho é muito limitado e o elo entre sentenças é geralmente simples; a gramática não é a efervescente de Marcos nem a culta de Lucas: um grego correto, fácil no fim das contas. Às vezes, colocando-o na língua original, João dá a impressão de ser muito pouco elaborado; tão simples a ponto de ser complexo: às vezes as palavras ou expressões usadas são tão sintéticas que contêm um mundo, como quando Jesus diz que vem "do alto" ou que é "o caminho, a verdade, a vida", ou como ao usar imagens universais como "luz" e "vida". É essencial, não fácil. Para aumentar a dificuldade, existem alguns estratagemas literários, como a ironia e o mal-entendido: falamos de ironia quando os personagens da história não percebem a real extensão do que estão dizendo ou fazendo; de mal-entendidos quando Jesus fala em um certo nível enquanto o ouvinte está em um nível completamente diferente (p. ex., quando Ele fala sobre o Templo, mas pensa em seu corpo: Jo 2,13-22). Mas a maior dificuldade para o leitor reside em seguir as longas reflexões, mantendo unidos raciocínios profundos e nem sempre expressos de acordo com uma lógica habitual para nós.

Uma nota final sobre o estilo diz respeito aos mundos culturais que se refletem na narrativa de João. Segalla (1992: 330) define-a como "alma universal em um ambiente cosmopolita, na medida em que escolhe palavras simples e concepções semanticamente abertas, nas quais ressoa o eco das mais variadas instâncias de seu tempo". A principal influência é, sem dúvida, a bíblica, que é notada tanto no vocabulário (quase tudo está presente na Bíblia grega) quanto na sintaxe (semitização), mas também nas muitas citações e alusões aos textos do Antigo Testamento. Ao mesmo tempo, há semelhanças com os escritos de Qumran e da apocalíptica, especialmente na visão dualista de luz-trevas, mundo-Deus. Há também conceitos típicos do ambiente helenístico (através da mediação de autores judeus, como Fílon): basta pensar no *logos* do prólogo hínico.

Se esse é o mundo no qual se move o Quarto Evangelho, quem é seu autor? A discussão é complexa: algumas décadas atrás o tema ocupou os especialistas por algum tempo e ainda não há clareza absoluta. Os últimos versículos do capítulo 21 oferecem uma contribuição interessante: o diálogo entre Pedro e Jesus ressuscitado termina com uma reflexão sobre o "discípulo que Jesus amava", que os seguia. Concluída assim a narrativa, está escrito: "Este é o discípulo que dá testemunho a respeito destas coisas e que as escreveu; e sabemos que o seu testemunho é verdadeiro" (Jo 21,24). A partir dessa nota final, a tradição antiga atribuiu o Evangelho ao chamado Discípulo Amado, um personagem enigmático que aparece durante a última ceia e está presente em alguns momentos fundamentais dos últimos capítulos, como sob a cruz ou durante a última manifestação do Ressuscitado. De fato, a tradição foi além e identificou esse discípulo com João, filho de Zebedeu: assim, Irineu de Lion (século II), que continua afirmando que João escreveria seu Evangelho na Ásia, mais precisamente em Éfeso. Hoje essa tradição é fortemente questionada; parece mais provável, além dos infinitos detalhes da discussão, que as duas figuras não coincidam: enquanto alguns acreditam que o Discípulo Amado seja João e outros não, há um consenso geral de que esse discípulo não é o evangelista, mas aquele que está na base da comunidade-tradição na qual o evangelista opera. Na obra póstuma, Segalla (2012: 42) declara:

Então, quem é o evangelista anônimo? Ele deve ser um judeu cristão de língua grega, que também conhecia as línguas hebraica e aramaica, porque ele traduz os nomes aramaicos dados no Evangelho, a começar por *Messias* (Jo 1,41) e *Kefas* (Jo 1,42) até *Gabbathá* (Jo 1,41). Jo 19,13), e deve ter conhecido a Palestina, porque indica com precisão a localidade e explica aos leitores os costumes judaicos (Jo 2,6; 4,9; 19,40). Além disso, também deve estar familiarizado com o ambiente cultural helenístico, como aparece no *Logos* do prólogo ou mesmo no tema da unidade, e deve também ser um narrador brilhante e profundo teólogo. Ele mesmo conta aos leitores sobre sua familiaridade com a testemunha original, a quem ele finalmente atribui o conteúdo do Evangelho (Jo 21,24) e, finalmente, distingue entre o conhecimento histórico original e não esclarecido e o entendimento pós-pascal iluminado pelas Escrituras (Jo 2,20-22; 12,16), embora ambos sejam lembrados, permitindo no entanto uma distância real e hermenêutica entre interpretar a memória com a ajuda do Paráclito (Jo 14,26) e da história original.

Dada a situação de fechamento total entre a sinagoga e a comunidade joanina (basta pensar na excomunhão temida pelos pais do cego que foi curado: Jo 9,22), à qual deve ser acrescentada a teologia já mais elaborada em comparação com os sinóticos, o Evangelho deve ter sido escrito depois de 70, provavelmente por volta de 80-90 d.C. O papiro mais antigo contendo um texto do Novo Testamento (P[52]) relata alguns dos versículos de João e pode ser datado por volta de 125 d.C., um testemunho de que no início do século II o Quarto Evangelho já era difundido.

Conclusões

Chegando ao fim de nosso itinerário de leitura, repassemos as etapas principais. Partimos de Marcos, o primeiro a ser escrito: é um Evangelho desconcertante, que não oferece certezas, mas propõe um percurso. Marcos quer nos levar a dizer com o centurião que Jesus é Filho de Deus e, para fazê-lo, conta-nos alguns episódios da sua vida de tal modo que a leitura seja continuamente empurrada para frente. Não temos paz: temos de seguir Jesus, como Bartimeu, até a cruz; e depois partir novamente da Galileia como os discípulos. Com Marcos, estamos sempre no caminho. Mateus, por sua vez, é narrativamente o oposto: Jesus se senta e calmamente instrui seus discípulos; rejeitado por Israel, dedica-se com seriedade a formar a nova comunidade, que ganha o nome de Igreja. Também Mateus propõe um caminho de fé, mas destacando a dimensão comunitária. Lucas insere-se nessa senda e a aprofunda com sua referência à história: sem a vida da comunidade cristã (o Livro dos Atos), a revelação de Jesus não está completa! Lucas, mais do que todos, convida seus leitores a entrarem ativamente na história que narra, como fazia Jesus com os personagens do Evangelho e o Espírito Santo com as primeiras comunidades cristãs. Enfim João, que abre as portas ao mistério eterno de Jesus Verbo de Deus. Como Lucas, é muito atento à dimensão histórica, mas evidenciando seu valor de "sinal": na história de Jesus o mistério de Deus se fez visível, não mais inacessível mas realmente próximo.

Quatro Evangelhos, portanto, que narram de modo diverso os eventos da vida de Jesus (e os primeiros passos da Igreja). Nós os lemos um a um, comparando-os entre si, mas nada a mais. Desde os últimos anos do século II d.C., porém, os quatro Evangelhos foram transmitidos não mais separadamente mas em conjunto. Inicialmente, com alguma reticência no que se refere à ordem, depois progressivamente se impôs a sequência que ainda hoje se conserva: primeiro Mateus, depois Marcos, Lucas, João e finalmente os Atos dos Apóstolos. Sabemos que o mais antigo é o Evangelho segundo Marcos e por isso o lemos por primeiro. Agora nos perguntamos: O que muda o fato de ele ter sido colocado no segundo lugar? A nossa pergunta não se refere aos motivos históricos que levaram os cristãos dos primeiros séculos a disporem as narrativas evangélicas nessa ordem (ademais, difícil de demonstrar), mas sim ao efeito que essa escolha produz no leitor. Experimentemos relê-los na sequência canônica.

O primeiro Evangelho é o de Mateus: o mais judaico, começa com a genealogia de Jesus, construindo claramente uma ponte com o Antigo Testamento; a escolha de iniciar com Mateus torna mais fácil a passagem do Antigo ao Novo Testamento. Além disso, quem lê o primeiro Evangelho é um "leitor edificado" (retomando a terminologia de MARGUERAT, 2008): como primeira coisa é importante que quem se aproxima da história de Jesus tenha alguns pontos fixos, certos, aos quais se possa referir. Sobre essa base é possível permitir-se a leitura de Marcos, que lança tudo para o ar e convida a não permanecer muito seguros nas aquisições recebidas porque a pessoa de Jesus é irredutível a qualquer categoria, tanto religiosa quanto profana. Marcos desestabiliza o seu leitor que, contudo, não afunda em um não sentido porque traz consigo a leitura de Mateus; ao mesmo tempo o ajuda a não se deixar cristalizar pelas posições assumidas do dogmático Mateus. Em suma, integram-se mutuamente. Depois vem Lucas: este pode propor, ao leitor que foi edificado por Mateus e perdeu a ingenuidade com Marcos, um papel na história da salvação. De fato, Lucas pede ao leitor que tome posição sobre o que é mais importante para a vida eterna, ou sobre qual aspecto da misericórdia de Deus deve ser realizado com mais urgência. Lucas confere um enorme valor aos personagens "humanos" de sua narrativa, a ponto de no Livro dos Atos são eles que tornam presente Jesus depois de sua ascensão. Mas ainda há o Evangelho de João a confirmar que a única encarnação de Deus é Jesus: Ele é a luz, a vida, o caminho, a porta... Assim, João ajuda Lucas (Evangelho e Atos) a não absolutizar a comunidade que é "sinal" de Jesus, revelação da sua presença; mas ao mesmo tempo o Livro dos Atos puxa o leitor para a terra, como fizeram os anjos com os apóstolos que olhavam fixamente o ponto do céu em que Jesus desaparecera: as alturas do mistério não servem para embelezar a vida da comunidade, mas para torná-la mais crente. Esse rápido panorama nos permite perceber que não apenas cada evangelista narra em tonalidades próprias os eventos da vida terrena de Jesus, mas também que o conjunto é mais do que uma soma das partes.

Tomando como gancho essa consideração, uma última pergunta, com a qual concluímos nosso percurso de leitura: Por que quatro pessoas se dedicaram a escrever cada uma delas um evangelho e depois as comunidades julgaram oportuno conservar esses escritos? Na Introdução encontramos uma resposta simples: o objetivo dos Evangelhos é levar à fé aqueles que os leem. À luz do que vimos neste trabalho, podemos aprofundar a questão. Pensemos na conclusão de cada Evangelho: Mateus narra as palavras tranquilizadoras de Jesus, que promete permanecer sempre com os seus; Marcos narra a fuga das mulheres, amedrontadas, que não contam a ninguém sobre a ressurreição; Lucas nos fala de Jesus que sobe aos céus e convida os seus a continuarem a história; João, por fim, garante fidelidade ao seu testemunho, que entrega aos leitores futuros. Cada um termina a seu modo, continuando o estilo usado durante a narrativa; mas todos os quatro se confrontam com o mesmo dado: a ausência de Jesus! Os evangelistas escrevem, em certo sentido, para preencher uma ausência, para fazer com que aqueles que não veem possam crer nele. As narrativas evangélicas, portanto, não são apenas teologia, *i. e.*, um ensinamento em forma narrativa, mas um convite para uma experiência de fé.

Bibliografia

Tendo de escolher entre muitos títulos disponíveis, adotei três critérios: em primeiro lugar, preferi os títulos mais disponíveis, portanto principalmente em italiano e nos recentes; em segundo lugar, aqueles que dão uma visão geral dos Evangelhos ou do único roteiro evangélico; enfim, aqueles atentos à dinâmica da história, em harmonia com o tipo de leitura adotado. Para aqueles interessados em aprender mais sobre o episódio único, alguns comentários também são fornecidos, referindo-se a mais detalhes em diretórios bibliográficos especializados (em primeiro lugar, os *New Testament Abstracts*). Os trabalhos citados durante o volume são indicados nas Referências.

Introduções gerais à Bíblia

ALONSO SCHOCKEL, L. et al. (1994). *La Bibbia nel suo contesto*. Bréscia: Paideia [orig.: *La Biblia en su entorno*. Estella: Verbo Divino, 1990].

BOSCOLO, G. (2017). *La Bibbia nella storia* – Introduzione generale alla Sacra Scrittura. 3. ed. Pádua: EMP.

FABRIS, R. et al. (2006). *Introduzione generale alla Bibbia*. Turim: Elledici, 2006.

PRIOTTO, M. (2016). *Il libro della Parola* – Introduzione alla Scrittura. Turim: Elledici.

Introduções ao Novo Testamento e aos Evangelhos

AGUIRRE MONASTERIO, R. & RODRÍGUEZ CARMONA, R. (1995). *Vangeli sinottici e Atti degli Apostoli*. Bréscia: Paideia [orig.: *Evangelios sinópticos y Hechos de los Apóstoles*. Estella: Verbo Divino, 1992].

ALETTI, J.-N. (2017). *Gesù: una vita da raccontare* – Il genere letterario dei vangeli di Matteo, Marco e Luca. Cinisello Balsamo/Roma: San

Paolo/G&B [orig.: *Jésus, une vie à raconter* – Essai sur le genre littéraire des évangiles de Matthieu, de Marc et de Luc. Bruxelas: Lessius, 2016].

BARTON, S.C. (org.) (2006). *The Cambridge Companion to the Gospels*. Cambridge: Cambridge University Press.

BROWN, R.E. (2001). *Introduzione al Nuovo Testamento*. Bréscia: Queriniana [orig.: *An Introduction to the New Testament*. Nova York: Doubleday, 1997].

CHILDS, B.S. (1994). *The New Testament as Canon*: An Introduction. Valley Forge: Trinity Press International.

DEBERGÉ, P. & NIEUVIARTS, J. (orgs.) (2006). *Guida di lettura del Nuovo Testamento*. Bolonha: EDB [orig.: *Guide de lecture du Nouveau Testament*. Paris: Fayard, 2004].

ESTRADA, B. (2016). *Così sono nati i Vangeli*. Roma: Edusc.

FRICKER, D. (2016). *"Vangelo di Gesù il Cristo, il Figlio di Dio"* – Introduzione ai vangeli sinottici. Cinisello Balsamo: San Paolo.

GRILLI, M. (2016). *Vangeli sinottici e Atti degli apostoli*. Bolonha: EDB.

LACONI, M. et al. (2002). *Vangeli sinottici e Atti degli Apostoli*. 2. ed. Turim: Elledici.

MAZZEO, M. (2017). *Vangeli sinottici e Atti degli Apostoli* – Introduzione, esegesi e percorsi tematici. 2. ed. Milão: Paoline.

PENNA, R. (2014). *Vangelo*. Assis: Cittadella.

SEGALLA, G. (1992). *Evangelo e Vangeli* – Quattro evangelisti, quattro Vangeli, quattro destinatari. Bolonha: EDB.

Evangelho segundo Marcos

Comentários

DONAHUE, J.R. & HARRINGTON, D. (2005). *Il Vangelo di Marco*. Turim: Elledici [orig.: *The Gospel of Mark*. Collegeville: The Liturgical Press, 2002].

ERNST, J. (1991a). *Il Vangelo secondo Marco* – Vol. 1: Marco 1,1–8,26. Bréscia: Morcelliana [orig.: *Das Evangelium nach Markus*. Regensburg: Pustet, 1981].

_____ (1991b). *Il Vangelo secondo Marco* – Vol. 2: Marco 8,27–16,20. Bréscia: Morcelliana [orig.: *Das Evangelium nach Markus*. Regensburg: Pustet, 1981].

FOCANT, C. (2015). *Il Vangelo secondo Marco*. Assis: Cittadella [orig.: *L'évangile selon Marc*. Paris: Cerf, 2004].

GNILKA, J. (1987). *Marco*. Assis: Cittadella [orig.: *Das Evangelium nach Markus* – Vol. 1: Mk 1,1–8,26; Vol. 2: Mk 8,26–16,20. Zurique/Neukirchen: Benziger/Neukirchener, 1978, 1979].

GRASSO, S. (2003). *Vangelo di Marco* – Nuova versione, introduzione e commento. Milão: Paoline.

GUIDA, A. (2015). "Vangelo secondo Marco". In: VIRGILI, R. (org.). *I Vangeli*. Milão: Ancora, p. 495-773.

LÉGASSE, S. (2000). *Marco*. Roma: Borla [orig.: *L'Évangile de Marc*. Paris: Cerf, 1997].

MOLONEY, F.J. (2002). *The Gospel of Mark* – A Commentary. Peabody: Hendrickson.

PEREGO, G. (2011). *Marco*. Cinisello Balsamo: San Paolo.

YARBRO COLLINS, A. (2007). *Mark* – A Commentary. Mineápolis: Fortress Press.

Estudos

CILIA, L. (org.) (1997). *Marco e il suo Vangelo* – Atti del Convegno internazionale di studi "Il vangelo di Marco" (Venezia, 30-31 maggio 1995). Cinisello Balsamo: San Paolo.

FABRE, J.-F. (2014). *Le disciple selon Jésus* – Le chemin vers Jérusalem dans l'évangile de Marc. Bruxelas: Lessius, Bruxelles.

FUSCO, V. (2007). *Nascondimento e rivelazione* – Studi sul vangelo di Marco. Bréscia: Paideia.

_____ (1988). "Marco". In: ROSSANO, P.; RAVASI, G. & GIRLANDA, A. (orgs.). *Nuovo Dizionario di Teologia Biblica*. Cinisello Balsamo: Paoline, p. 887-895.

La catechesi kerygmatica di Marco (2002). *Credere Oggi*, n. monográfico, 131-132.

MASCILONGO, P. (2011). *"Ma voi, chi dite che io sia?"* – Analisi narrativa dell'identità di Gesù e del cammino dei discepoli nel Vangelo secondo Marco, alla luce della "confessione di Pietro" (Mc 8,27-30). Roma: G&B.

RHOADS, D.; DEWEY, J. & MICHIE, D. (2011). *Il racconto di Marco* – Introduzione narratologica ad un vangelo. Bréscia: Paideia [orig.: *Mark Story* – An Introduction to the Narrative of a Gospel. Mineápolis: Fortress Press, 1999].

VAN OYEN, G. (2014). *Reading the Gospel of Mark as a Novel*. Eugene: Cascade Books.

VIRONDA, M. (2003). *Gesù nel Vangelo di Marco* – Narratologia e cristologia. Bolonha: EDB.

Evangelho segundo Mateus

Comentários

DAVIES, W.P. & ALLISON, D.C. (1997). *A Critical and Exegetical Commentary on The Gospel According to Matthew* – Vol. 3: Commentary on Matthew 19-28. Londres/Nova York: T. & T. Clark.

_____ (1991). *A Critical and Exegetical Commentary on The Gospel According to Matthew* – Vol. 2: Commentary on Matthew 8-18. Londres/Nova York: T. & T. Clark.

_____ (1988). *A Critical and Exegetical Commentary on The Gospel According to Matthew* – Vol. 1: Commentary on Matthew 1-7. Londres/Nova York: T. & T. Clark.

DE CARLO, F. (2016). *Vangelo secondo Matteo*. Milão: Paoline.

FABRIS, R. (1996). *Matteo*. 2. ed. Roma: Borla.

FRANCE, R.T. (2007). *The Gospel of Matthew*. Grand Rapids/Cambridge: Eerdmans.

GNILKA, J. (1990-1991). *Il Vangelo di Matteo*. 2 vols. Bréscia: Paideia [orig.: *Das Matthäusevangelium*. 2 vols. Freiburg: Herder, 1986-1988].

GRASSO, S. (2014). *Il Vangelo di Matteo* – Commento esegetico e teologico. Roma: Città Nuova.

HARRINGTON, M. (2007). *Il Vangelo di Matteo*. Turim: Elledici [orig.: *The Gospel of Matthew*. Collegeville: The Liturgical Press, 1991].

LUZ, U. (2014). *Vangelo di Matteo* – Vol. 4: Commento ai capp. 26-28. Bréscia: Paideia [orig.: *Das Evangelium nach Matthäus* [Mt 26-28]. Zurique/Neukirchen: Benziger/Neukirchener, 2002].

_____ *Vangelo di Matteo* – Vol. 3: Commento ai capp. 18-25. Bréscia: Paideia [orig.: *Das Evangelium nach Matthäus* [Mt 18-25]. Zurique/Neukirchen: Benziger/Neukirchener, 1997].

_____ (2007). *Vangelo di Matteo* – Vol. 2: Commento ai capp. 8-17. Bréscia: Paideia [orig.: *Das Evangelium nach Matthäus* [Mt 8-17]. Zurique/Neukirchen: Benziger/Neukirchener, 1990].

_____ *Vangelo di Matteo* – Vol. 1: Introduzione, commento ai capp. 1-7. Bréscia: Paideia [orig.: *Das Evangelium nach Matthäus* [Mt 1-7]. Zurique/Neukirchen: Benziger/Neukirchener, 1985].

MELLO, A. (1995). *Evangelo secondo Matteo*. Magnano: Qiqajon.

MICHELINI, G. (2013). *Matteo*. Cinisello Balsamo: San Paolo.

Estudos

FUSCO, V. (1994). *La casa sulla roccia* – Temi spirituali di Matteo. Magnano: Qiqajon.

_____ (1988). "Matteo". In: ROSSANO, P.; RAVASI, G. & GIRLANDA, A. (orgs.). *Nuovo dizionario di teologia biblica*. Cinisello Balsamo: Paoline, p. 930-937.

KINGSBURY, J. (1998). *Matteo* – Un racconto. Bréscia: Queriniana [orig.: Matthew as Story. Philadelphia: Fortress Press].

LUZ, V. (2005). *Studies in Matthew*. Grand Rapids: Eerdmans.

_____ (2002). *La storia di Gesù in Matteo*. Bréscia: Paideia [orig.: *Die Jesusgeschichte des Matthäus*. Neukirchen/Vluyn: Nuekirchener, 1993].

Matteo il Vangelo della Chiesa (2001). *Credere Oggi*, n. monográfico, p. 125-126.

Evangelho segundo Lucas e Atos dos Apóstolos

Comentários a Lucas

BOCK, D.L. (1996). *Luke* – Vol. 2: 9,51–24,53. Grand Rapids: Baker Books.

_____ (1994). *Luke* – Vol. 1: 1,1–9,50. Grand Rapids: Baker Books.

BOVON, F. (2013). *Vangelo di Luca* – Vol. 3. Bréscia: Paideia [orig.: *L'Évangile selon Saint Luc*. Vol. 3. Genebra: Labor et Fides, 2001].

_____ (2007). *Vangelo di Luca* – Vol. 2. Bréscia: Paideia [orig.: orig.: *L'Évangile selon Saint Luc*. Vol. 2. Genebra: Labor et Fides, 1996].

_____ (2005). *Vangelo di Luca* – Vol. 1. Bréscia: Paideia [orig.: *L'Évangile selon Saint Luc*. Genebra: Labor et Fides, 1991].

CRIMELLA, M. (2015). *Luca*. Cinisello Balsamo: San Paolo.

ERNST, J. (1985). *Il vangelo secondo Luca*. 2 vols. Bréscia: Morcelliana [orig.: *Das Evangelium nach Lukas*. Regensburg: Pustet, 1977].

GARLAND, D.E. (2011). *Luke*. Grand Rapids: Zondervan.

JOHNSON, L.T. (2003). *Il Vangelo di Luca*. Turim: Elledici [orig.: *The Gospel of Luke*. Collegeville: The Liturgical Press, 1991].

ROSSÉ, G. (1992). *Il Vangelo di Luca*. Roma: Città Nuova.

WOLTER, M. (2008). *Das Lukasevangelium*. Tübingen: Mohr Siebeck.

Comentários aos Atos

BARRETT, C.K. (2005). *Atti degli Apostoli* – Vol. 2: Introduzione, commento ai capp. 15-28. Bréscia: Paideia [orig.: *A Critical and Exegetical Commentary on The Acts of the Apostles* – Vol. 2: Introduction and Commentary on Acts XV-XXVIII. Edimburgo: T. & T. Clark, 1998].

_____ (2003). *Atti degli Apostoli* – Vol. 1: Prolegomeni, commento ai capp. 1-14. Bréscia: Paideia [orig.: *A Critical and Exegetical Commentary on The Acts of the Apostles* – Vol. 1: Preliminary Introduction and Commentary on Acts I-XIV. Edimburgo: T. & T. Clark, 1994].

FABRIS, R. (1984). *Atti degli Apostoli*. Roma: Borla.

FITZMYER, J.A. (2003). *Gli Atti degli Apostoli*. Bréscia: Queriniana. [orig.: *The Acts of the Apostles*. Nova York: Doubleday, 1998].

JOHNSON, L.T. (2007). *Atti degli Apostoli*. Turim: Elledici [orig.: *The Acts of the Apostles*. Collegeville: The Liturgical Press, 1992].

MARGUERAT, D. (2015). *Gli Atti degli Apostoli* – Vol. 2: cap. 13-28. Bolonha: EDB [orig.: *Les Actes des Apôtres* [13-28]. Genebra: Labor et Fides, 2015].

_____ (2011). *Gli Atti degli Apostoli* – Vol. 1: cap. 1-12. Bolonha: EDB. 2011 [orig.: *Les Actes des Apôtres* [1-12]. Genebra: Labor et Fides, 2007].

PERVO, R. (2009). *Acts*. Mineápolis: Fortress Press.

ROSSÉ, G. (1998). *Atti degli Apostoli*. Roma: Città Nuova.

Estudos

ALETTI, J.-N. (2009). *Il racconto come teologia* – Studio narrativo del terzo Vangelo e del libro degli Atti degli Apostoli. Bolonha: EDB.

_____ (1991). *L'arte di raccontare Gesù Cristo* – La scrittura narrativa del vangelo di Luca. Bréscia: Queriniana [orig.: *L'art de raconter Jésus Christ* – L'écriture narrative de l'Évangile de Luc. Paris: Seuil, 1989].

BARBI, A. (2007). *Atti degli Apostoli* – Capitoli 15-28. Pádua: EMP.

_____ (2003). *Atti degli Apostoli* – Capitoli 1-14. Pádua: EMP.

GREEN, J.B (2001). *La teologia del Vangelo di Luca*. Bréscia: Paideia [orig.: *The Theology of the Gospel of Luke*. Cambridge: Cambridge University Press, 1995].

La teologia narrativa di san Luca (2000). *Credere Oggi*, n. monográfico, p. 119-120.

LEONARDI, G. & TROLESE, F.G.B. (orgs.) (2002). *San Luca evangelista testimone della fede che unisce* – Atti del congresso internazionale (Padova, 16-21 ottobre 2000). Pádua: Istituto per la Storia Ecclesiastica Padovana, 2002.

MARGUERAT, D. (2002). *La prima storia del cristianesimo* – Gli Atti degli Apostoli. Cinisello Balsamo: San Paolo [orig.: *La première histoire du christianisme* – Les Actes des apôtres. Paris: Cerf, 1999].

ROSSI, L. (2014). *Pietro e Paolo testimoni del Crocifisso-Risorto* – La synkrisis in Atti 12,123 e 27,1-28,16: continuità e discontinuità di un parallelismo nell'opera lucana. Roma: G&B.

TANNEHILL, R.C. (1990*). The Narrative Unity of Luke-Acts* – A Literary Interpretation – Vol. 2: The Acts of the Apostles. Mineápolis: Fortress Press.

_____ (1986). *The Narrative Unity of Luke-Acts* – A Literary Interpretation – Vol. 1: The Gospel According to Luke. Filadélfia: Fortress Press.

Evangelho segundo João

Comentários

BEUTLER, J. (2016). *Il vangelo di Giovanni* – Commentario. Roma: G&B.

BROWN, R.E. (1979). *Giovanni* – Commento al Vangelo spiritual. Assis: Cittadella [orig.: *The Gospel According to John* – Vol. 1: I-XII. Garden City: Doubleday, 1966. • *The Gospel According to John* – Vol. 2: XIII-XXI. Garden City: Doubleday, 1970].

FABRIS, R. (1992). *Giovanni* – Traduzione e commento. Roma: Borla.

GRASSO, S. (2008). *Il Vangelo di Giovanni* – Commento esegetico e teologico. Roma: Città Nuova.

LÉON DUFOUR, X. (2007). *Lettura dell'evangelo secondo Giovanni*. Cinisello Balsamo: San Paolo [orig.: *Lecture de l'évangil selon Jean*. 4 vols. Paris: Seuil, 1987-1996].

MOLONEY, F.J. (2007). *Il Vangelo di Giovanni*. Turim: Elledici [orig.: *The Gospel of John*. Collegeville: The Liturgical Press, 1998].

RAMSEY MICHAELS, J. (2010). *The Gospel of John*. Grand Rapids/ Cambridge: Eerdmans.

WENGST, K. (2005). *Il Vangelo di Giovanni*. Bréscia: Queriniana [orig.: *Das Johannesevangelium*. Vol. 1: Kapitel 1-10. Stuttgart/Berlim/Colônia: W. Kohlhammer, 2000 [2. ed.: 2004]. • Vol. 2: Kapitel 11-21. Stuttgart/ Berlim/Colônia: W. Kohlhammer, 2001].

ZUMSTEIN, J. (2014). *L'Évangile selon Saint Jean* – Vol. 1: 1-12. Genebra: Labor et Fides.

_____ (2007). *L'Évangile selon Saint Jean* – Vol. 2: 13-21. Genebra: Labor et Fides.

Estudos

BEUTLER, J. (2006). *L'Ebraismo egli Ebrei nel Vangelo di Giovanni*. Roma: Pontificio Istituto Biblico.

CULPEPPER, R.A. (2016). *Anatomia del Quarto Vangelo* – Studio di critica narrativa. Milão: Glossa [orig.: *Anatomy of the Fourth Gospel* – A Study in Literary Design. Filadélfia: Fortress, 1983].

Giovanni l'evangelista dalle ali d'aquila (2003). *Credere Oggi*, n. monográfico, p. 137.

HUNT, S.A.; TOLMIE, D.F. & ZIMMERMANN, R. (orgs.) (2013). *Character Studies in the Fourth Gospel* – Narrative Approaches to Seventy Figures in John. Tübingen: Mohr Siebek.

LARSEN, K.B. (org.) (2015). *The Gospel of John as Genre Mosaic*. Göttingen: Vandenhoeck & Ruprecht.

MANNUCCI, V. (1993). *Giovanni il Vangelo narrante* – Introduzione all'arte narrativa del quarto Vangelo. Bolonha: EDB.

MARCHADOUR, A. (2007). *I personaggi del Vangelo di Giovanni* – Specchio per una cristologia narrativa. Bolonha: EDB [orig.: *Les personnages dans l'évangile de Jean* – Miroir pour une christologie narrative. Paris: Cerf, 2004].

MARCHESELLI, M. (org.) (2016a). *Israele e Chiesa nel Vangelo di Giovanni* – Compimento, reinterpretazione, sostituzione? Bolonha: EDB.

_____ (2016b). *Studi sul Vangelo di Giovanni* – Testi, temi e contesto storico. Roma: G&B.

PORTER, S.E. & ONG, H.T. (2016). *The Origins of John's Gospel*. Leiden: Brill.

SEGALLA, G. (2012). *Il Quarto Vangelo come storia*. Bolonha: EDB.

VERHEYDEN, J.; VAN OYEN, G.; LABAHN, M. & BIERINGER, R. (orgs.) (2014). *Studies in the Gospel of John and Its Christology –* Festschrift Gilbert Van Belle. Lovaina/Paris/Walpole: Peeters.

VIGNOLO, R. (1994). *Personaggi del quarto Vangelo –* Figure della fede in San Giovanni. Milão: Glossa.

Referências

AGUIRRE MONASTERIO, R. (1995). "Introduzione ai Vangeli sinottici". In: AGUIRRE MONASTERIO, R. & RODRIGUEZ CARMONA, A. *Vangeli sinottici e Atti degli Apostoli*. Bréscia: Paideia [orig.: 1992].

ALAND, K. (1996). *Synopsis quattuor evangeliorum –* Locis parallelis evangeliorum apocryphorum et patrum adhibitis. Stuttgart: Deutsche Bibelgesellschaft.

ALETTI, J.-N. (2017). *Gesù: Una vita da raccontare –* Il genere letterario dei vangeli di Matteo, Marco e Luca. Cinisello Balsamo/Roma: San Paolo/G&B.

BETORI, G. (2003). *Affidati alla parola –* Ricerche sull'opera di Luca. Bolonha: EDB.

BEUTLER, J. (2006). *L'Ebraismo egli Ebrei nel Vangelo di Giovanni*. Roma: Pontificio Istituto Biblico.

BOSCOLO, G. (2008a). Le "opere del Messia" (Mt 8-9). *Parole di vita*, 53, 3, p. 10-17.

_____ (2008b). Una strada dura e difficile (Mt 14-17). *Parole di vita*, 53, 4, p. 11-15

BOURQUIN, Y. (2005). *Marc, une théologie de la fragilité –* Obscure clarté d'une narration. Genebra: Labor et Fides.

BROCCARDO, C. (2008). "È sufficiente per il discepolo essere come il suo maestro" (Mt 10). *Parole di vita*, 53, 3, p. 25-32.

_____ (2007). "'È andato ad alloggiare da un peccatore' (Luca 19,7). Zaccheo e la prassi problematica di Gesù". In: CORSATO, C. (org.). *Sul sentiero dei sacramenti –* Scritti in onore di Ermanno Roberto Tura nel suo 70º compleanno. Pádua: EMP-FTTR, p. 153-170.

_____ (2006). *La fede emarginata –* Analisi narrativa di Luca 4-9. Assis: Cittadella.

BRODIE, T.L. (1983). Luke 7,36-50 as an Internalization of 2Kings 4,1-37 – A Study in Luke's Use of Rhetorical Imitation. *Biblica*, 64, p. 457-485.

BROWN, R.E. (1979). *Giovanni* – Commento al Vangelo spirituale. Assis: Cittadella [orig.: 1970].

BURINI, C. (org.) (1986). *Gli apologeti greci*. Roma: Città Nuova.

BURRIDGE, R.A. (2008). *Che cosa sono i Vangeli?* – Studio comparativo con la biografia greco-romana. Bréscia: Paideia [orig.: 2004].

CIPRIANI, S. (2000). La cristologia dello stupore nel Vangelo di Marco. *Asprenas*, 47, p. 5-26.

DE CARLO, F. (2016). *Vangelo secondo Matteo*. Milão: Paoline.

DUMAIS, M. (2000). *Communauté et mission* – Une relecture des Actes des Apôtres. Montreal: Bellarmin.

FABRIS, R. (1996). *Matteo*. Roma: Borla.

FOCANT, C. (2015). *Il Vangelo secondo Marco*. Assis: Cittadella [orig.: 2004].

_____ (2009). Une Christologie de type "mystique" (Marc 1,1-16,8). *New Testament Studies*, 55, p. 1-21.

_____ (2006). *Marc, un Évangile étonnant*: recueil d'essais. Lovaina: Peeters.

FÔRSTER, N. (2007). *Das Gemeinschaftliche Gebet in der Sicht des Lukas*. Lovaina/Paris/Dudley: Peeters.

FRANCE, R.T. (2007). *The Gospel of Matthew*. Grand Rapids/Cambridge: Eerdmans.

FUSCO, V. (2002). "Introduzione generale ai Sinottici". In: LÀCONI, M. et al. *Vangeli sinottici e Atti degli Apostoli*. Turim: Elledici, p. 37-136.

_____ (1988). "Luca". In: ROSSANO, P.; RAVASI, G. & GIRLANDA, A. (orgs.). *Nuovo dizionario di teologia biblica*. Cinisello Balsamo: Paoline, p. 847-51.

_____ (1983). *Oltre la parabola* – Introduzione alle parabole di Gesti. Roma: Borla.

GNILKA, J. (1987). *Marco*. Assis: Cittadella [orig.: 1978-1979].

GOODACRE, M. (2002). *The Case against Q* – Studies in Markan Priority and the Synoptic Problem. Harrisburg: Trinity Press International.

GREEN, J.B. (2001). *La teologia del Vangelo di Luca*. Bréscia: Paideia [orig.: 1995].

GREGORY, A.F. & ROWE, K. (orgs.) (2010). *Rethinking the Unity and Reception of Luke and Acts*. Colúmbia: The University of South Carolina Press.

GUIDA, A. (2015). "Vangelo secondo Marco". In: VIRGILI, R. (org.). *I Vangeli*. Milão: Ancora, p. 495-773.

KINGSBURY, J.D. (1998). *Matteo* – Un racconto. Bréscia: Queriniana [orig.: 1986].

KLOPPENBORG, J. (2014). *Synoptic Problem*. Tübingen: Mohr Siebeck.

_____ (2000). *Excavating Q* – The History and Setting of the Sayings Gospel. Mineápolis: Fortress Press.

LÉGASSE, S. (2000). *Marco*. Roma: Borla [orig.: 1997].

LUZ, U. (2002). *La storia di Gesù in Matteo*. Bréscia: Paideia [orig. 1993].

MADURINI, G. (org.) (2005). *Agostino* – Commento alla Prima Lettera di Giovanni. Roma: Città Nuova.

MAGGIONI, B. (2001). *Era veramente uomo* – Rivisitando la figura di Gesù nei Vangeli. Milão: Ancora.

MANICARDI, E. (2002). "I miracoli di Gesù". In: LÀCONI, M. et al. *Vangeli sinottici e Atti degli Apostoli*. Turim: Elledici, p. 239-250.

MARGUERAT, D. (2015). *Gli Atti degli Apostoli* – Vol. 2: cap. 13-28. Bolonha: EDB [orig.: 2015].

_____ (2011). *Gli Atti degli Apostoli* – Vol. 1: cap. 1-12. Bolonha: EDB, [orig.: 2007].

_____ (2008). Quattro vangeli per quattro lettori. *Teologia*, 33, p. 14-36.

MARTIN, A. (2008). Una fresca oasi tra i deserti del rifiuto (Mt 11-12). *Parole di vita*, 53, 3, p. 33-39.

MASCILONGO, P. (2011). *"Ma voi, chi dite che io sia?"* – Analisi narrativa dell'identità di Gesù e del cammino dei discepoli nel Vangelo secondo Marco, alla luce della "confessione di Pietro" (Mc 8,27-30). Roma: G&B Press.

MAZZONI, R. (2003). *Scrivere* – La parola ai grandi classici della letteratura. Milão: Rizzoli.

MICHELINI, G. (2007). La struttura del Vangelo secondo Matteo – Bilancio e prospettive. *Rivista Biblica*, 55, p. 313-333.

MURPHY-O'CONNOR, J. (2007). *Paolo* – Un uomo inquieto, un apostolo insuperabile. Cinisello Balsamo: San Paolo [orig.: 2004].

NORELLI, E. (2005). *Papia di Hierapolis* – Esposizione degli oracoli del Signore: I frammenti. Milão: Paoline.

OSBORNE, T.P. (2003). Deux grandes structures concentriques centrales et une nouvelle approche du plan global de l'Évangile de Luc (première partie). *Revue Biblique*, 110, p. 197-221.

PARMENTIER, E. (2007). *La scrittura viva* – Guida alle interpretazioni cristiane della Bibbia. Bolonha: EDB [orig.: 2004].

PENNA, R. (2014). *Vangelo*. Assis: Cittadella.

PONTIFÍCIA COMISSÃO BÍBLICA (2001). *Il popolo ebraico e le sue Sacre Scritture nella Bibbia cristiana*. Cidade do Vaticano: Libreria Editrice Vaticana.

_____ (1993). *L'interpretazione della Bibbia nella Chiesa*. Cidade do Vaticano: Libreria Editrice Vaticana.

RHOADS, D.; DEWEY, J. & MICHIE, D. (2011). *Il racconto di Marco* – Introduzione narratologica ad un vangelo. Bréscia: Paideia [orig.: 1999].

ROSSI, L. (2014). *Pietro e Paolo testimoni del Crocifisso-Risorto* – La synkrisis in Atti 12,1-23 e 27,1-28,16: continuità e discontinuità di un parallelismo nell'opera lucana. Roma: G&B.

SCAIOLA, D. (2008). Una giustizia superiore. *Parole di vita*, 53, 2, p. 39-42.

SEGALLA, G. (2012). *Il Quarto Vangelo come storia*. Bolonha: EDB.

_____ (2007). Il mondo affettivo di Gesù e la sua identità personale. *Studia Patavina*, 54, p. 89-133.

_____ (2006). *Teologia biblica del Nuovo Testamento* – Tra memoria escatologica di Gesù e promessa del futuro regno di Dio. Turim: Elledici.

_____ (1992). *Evangelo e Vangeli* – Quattro evangelisti, quattro Vangeli, quattro destinatari. Bolonha: EDB.

VAN OYEN, G. (2014). *Reading the Gospel of Mark as a Novel*. Eugene: Cascade.

VIRONDA, M. (2003). *Gesù nel Vangelo di Marco* – Narratologia e cristologia. Bolonha: EDB.

WATSON, F. (2016). *The Fourfold Gospel*: A Theological Reading of the New Testament Portraits of Jesus. Grand Rapids: Baker Academic.

_____ (2013). *Gospel Writing*: A Canonical Perspective. Grand Rapids: Eerdmans.

WREDE, W. (1996). *Il segreto messianico nei Vangeli* – Contributo alla comprensione del Vangelo di Marco. Nápoles: M. D'Auria [orig.: 1901].

ZUMSTEIN, J. (2014). *L'Évangile selon Saint Jean* (1-12). Genebra: Labor et Fides.

Índice onomástico

Índice geral

EDITORA VOZES
Editorial

CULTURAL

Administração
Antropologia
Biografias
Comunicação
Dinâmicas e Jogos
Ecologia e Meio Ambiente
Educação e Pedagogia
Filosofia
História
Letras e Literatura
Obras de referência
Política
Psicologia
Saúde e Nutrição
Serviço Social e Trabalho
Sociologia

CATEQUÉTICO PASTORAL

Catequese
    Geral
    Crisma
    Primeira Eucaristia

    Pastoral
        Geral
        Sacramental
        Familiar
        Social
        Ensino Religioso Escolar

TEOLÓGICO ESPIRITUAL

Biografias
Devocionários
Espiritualidade e Mística
Espiritualidade Mariana
Franciscanismo
Autoconhecimento
Liturgia
Obras de referência
Sagrada Escritura e Livros Apócrifos

Teologia
    Bíblica
    Histórica
    Prática
    Sistemática

VOZES NOBILIS

Uma linha editorial especial, com importantes autores, alto valor agregado e qualidade superior.

REVISTAS

Concilium
Estudos Bíblicos
Grande Sinal
REB (Revista Eclesiástica Brasileira)

VOZES DE BOLSO

Obras clássicas de Ciências Humanas em formato de bolso.

PRODUTOS SAZONAIS

Folhinha do Sagrado Coração de Jesus
Calendário de mesa do Sagrado Coração de Jesus
Agenda do Sagrado Coração de Jesus
Almanaque Santo Antônio
Agendinha
Diário Vozes
Meditações para o dia a dia
Encontro diário com Deus
Guia Litúrgico

CADASTRE-SE
www.vozes.com.br

EDITORA VOZES LTDA.
Rua Frei Luís, 100 – Centro – Cep 25689-900 – Petrópolis, RJ
Tel.: (24) 2233-9000 – Fax: (24) 2231-4676 – E-mail: vendas@vozes.com.br

UNIDADES NO BRASIL: Belo Horizonte, MG – Brasília, DF – Campinas, SP – Cuiabá, MT
Curitiba, PR – Fortaleza, CE – Goiânia, GO – Juiz de Fora, MG
Manaus, AM – Petrópolis, RJ – Porto Alegre, RS – Recife, PE – Rio de Janeiro, RJ
Salvador, BA – São Paulo, SP